叔本华：除了现在，我们一无所有

大师开讲

杨雅婷
杨雅强
编著

全国百佳图书出版单位
时代出版传媒股份有限公司
黄山书社

图书在版编目（CIP）数据

大师开讲·叔本华：除了现在，我们一无所有 / 杨雅婷．杨雅强编著．
-- 合肥：黄山书社，2014.5
ISBN 978-7-5461-4440-5

Ⅰ．①大… Ⅱ．①杨…②杨… Ⅲ．①叔本华，A．（1788 ~ 1860）
－语录 Ⅳ．①K811

中国版本图书馆 CIP 数据核字（2014）第 078096 号

DASHI KAIJIANG·SHUBENHUA CHU LE XIANZAI WOMEN YIWUSUOYOU

大师开讲·叔本华：除了现在，我们一无所有 杨雅婷 杨雅强 编著

出品人 任耕耘
选题策划 任耕耘 杨雯
责任编辑 张月阳
特约编辑 李晓阳 赵迪秋
装帧设计 齐娜
出版发行 时代出版传媒股份有限公司（http：//www.press-mart.com）
黄山书社（http：//www.hspress.cn）
地址邮编 安徽省合肥市蜀山区翡翠路 1118 号出版传媒广场 7 层 230071
印　　刷 安徽国文彩印有限公司
版　　次 2015 年 6 月第 1 版
印　　次 2015 年 6 月第 1 次印刷
开　　本 880mm×1230mm 1/32
字　　数 130 千
印　　张 8
书　　号 ISBN 978-7-5461-4440-5
定　　价 28.00 元

服务热线 0551-63533706
销售热线 0551-63533761
官方直营书店（http：//hsssbook.taobao.com）

目录

悲观之下的热切（代序）

他终身未娶，离群索居，忧郁、孤独。在法兰克福的公寓中离开人世之前，他在一张纸上潦草地写道："好吧！我们总算解脱了。"似乎早已对归向天国之路迫不及待。他这一生，仿佛都在诅咒世界。

他享有盛名，不过那是在生命的最后时光，直到彼时，他的思想价值才渐渐被认可和推崇。此后，世人尊他为德国著名哲学家，奉他为意志主义的创始人，还从尼采、维特根斯坦、王国维、瓦格纳等许多著名的思想家、艺术家那里来追寻他智慧的影子。

可是，这都无法化解他的孤独。他活着的大部分日子里，人们无法认同他的赤裸裸的"悲观主义"，或者说不敢面对他向世人描绘的那种"世界无意义""人生不过是一场虚无"以及与之相伴的痛苦、焦虑和绝望的种种不愉快的图景。他与他那个时代的浮华是那么的格格不入，两相厌弃。这个不快乐的灵魂，他的名字叫亚瑟·叔本华（Arthur Schopenhauer，1788—1860）。

叔本华生于法国大革命爆发前一年的 2 月 22 日。父亲海因里希·弗洛里斯是一位商人和银行家，生性孤僻、严厉、阴沉、忧郁，母亲约翰娜·亨利埃特·特罗西纳则善交际、好动、乐观、情绪多变，且比他的父亲年轻 20 岁。父母的个性差距如此巨大，不难想象，这是一个不快乐的家庭。不知道叔本华的悲观是不是和这样的家庭背景有关。1797 年，上天给了他一个小妹妹路易丝·阿德莱特。这是他唯一的妹妹。叔本华在汉堡的商业学校里学习了四年，还在法国的勒阿弗尔和英国接受了较长时间的私人教育，并常常游历于欧洲。这些经历，教给他博大的世界主义与和平主义。

1803 年，海因里希·弗洛里斯和约翰娜·亨利埃特·特罗西纳终于分道扬镳。1805 年 4 月 20 日，海因里希·弗洛里斯自杀。中间发生了什么，我们已经不得而知。这离散的经历让叔本华有着怎样的内心悸动，我们也不得而知。但是，我们知道他一直活在对父亲深深的爱和对母亲的敌意里。他继承了母亲的聪慧，同时却也不幸地继承了他父亲的忧郁。和父亲一样，他不能容忍母亲对热闹和喧嚣的钟爱。也许正是这内向的天性引导他走向哲学，走向那注定的坎坷之途，就如他在1811年9月8日写给母亲的信中所言："哲学，就似攀登高耸入云的山峰，只有唯一的一条利石荆棘遍布的小道，愈往上愈陡峭，愈荒凉……"但最终，他还是置身于那高山之巅。

对于他，世人只知道忌惮他的别扭，根本看不到他在悲观之下对世界的热切，根本看不到他在"诅咒"之下的清醒。他不过是不愿意在廉价的唯美主义和慷慨情操的蒙蔽之下沉醉不醒罢了，他不过是不愿意再将全部的希望寄托于甚嚣一时的科学、历史和民族主义的廉价乐观而已。

若果能细细品读叔本华，当能读出他的初心。

第一章

虚无人生中的抉择

人生就像一场短暂的梦，我们在其中寻找着目的和意义，有时会迷失方向，有时又柳暗花明，可待那梦醒之时，一切归于沉寂，我们却依然两手空空。

在叔本华看来，人生是痛苦的，生存是虚无的。他的悲观主义人生哲学揭示的人生悲剧状态，或许就是生活最真实的一面。

人生苦难重重，我们或者选择悲观、颓废，或者选择逃避、放弃，但其下却隐藏着我们对生命最深切的欲念和留恋。

到底应该如何看待我们的世界？又该怎样面对这苦难的人生？通过叔本华的箴言，或许我们就能找到问题的答案。

人生是痛苦的

如果人生不是痛苦（灾难），我们存在的目的就必然完全失败。而事实上，世界不能不是痛苦，存在不能不是失败。既然世界到处充满着痛苦，人从生命的欲望中产生痛苦，痛苦既与生命不能分离，那么我们若把痛苦看作一种偶然和无目的的事，人的荒谬也就莫过于此了。每个人都有一个特殊的不幸。将许许多多特殊的不幸归纳在一起，难道世界的规律不就是普遍的不幸吗？当我们面临各种不幸和悲惨的遭遇而急于得到安慰时，只要观察一下他人的不幸和悲惨的遭遇——他人的不幸和遭遇往往超过我们——就行。我们很少听人说“我比你快乐”，却常听人说“我的遭遇实际比你还要悲惨”。人人都乐于作如是说，这就说明人类的命运是多么悲惨了。（《论痛苦与意志的煎熬》）

人的一生起起落落，总有不幸会突然降临，似乎这个世界时刻在提醒着我们：人生是痛苦的。佛家告慰我们：凡人要度苦厄，了生死，成大觉，非从自心下手不

可。（王骧陆《王骧陆居士全集》）

人生之痛苦，也许只是因为我们在偶尔的幸运和顺遂里，忘记了人的一生原本是要来世间受苦的。若能不忘初念，当更能珍惜短暂的欢愉和幸运，也更能平常地对待生命的起落和得失吧？

人生的意外

从人生的开始放眼往前看，生活显得一望无尽，但是，当人们走到了人生旅程的终点回眸审视一生时，生命却又显得相当的短暂。当旅行者迈步走近看到的景物时，景物的形状与他从远处看见的并不一样；这些景物就好像随着旅行者的靠近而变换了形状。我们的愿望与这种情形尤其相似。通常，我们最终获得的并不是我们当初所追求的——这最终获得的东西甚至比当初所追求之物还要好。还有就是，我们在刚开始的时候选取了某一条途径追求某一样东西，却一无所获，但在另外的一条途径反而找到了它。此外，这样的情形也经常发生：我们追求快感、好运和欢乐，最终却获得了教训、思想和认识——这些真实、永恒的好处取代了原先那些匆匆的、表面的好处。（《建议和格言》）

炼金术士在寻找金子的过程中发现了火药，哥伦布计划远航印度却发现了美洲新大陆。人生也同样奇妙，会有无数的意外，但细细想来，也正因如此，我们的生活才会显得精彩纷呈。

人生中你我都是事后诸葛亮

正如一个旅行者只有在抵达了一处高地以后，才能够回头总体、连贯地看到自己所走过的迂回曲折的道路。同样，只有当我们度过了生命中的一段时间，或者在我们的整体生命终结的时候，我们才能把我们的业绩和创作的作品真正联系起来，包括其中确切的因果关联，甚至才能了解到它们的价值。只要我们仍然置身其中，我们的行事就只能总是遵循我们那固定不变的性格构成，受着动机的左右和我们能力的制约。由此可见，我们的行事自始至终都有其必然性，我们在每一刻都做着我们在那一刻认为合理和适当的事情。只有事后的结果才让我们看清到底发生了什么事；对事情整体的回顾才使我们明白事情的来龙去脉。（《建议和格言》）

关于人生，我们不过是事后诸葛亮，谁也无法清晰地预知是非、成败、对错、得失的纠缠和因果。既如此，何不尽可能地平和、洒脱？

人生的秘密

我们生活中的情景就像镶嵌砖上粗线条的图案：靠得太近时，这些图案无法造成效果，只能从远距离审视才会发现这些图案的美丽。所以，得到了我们热切渴望之物就等于发现了它的空洞和无用。我们总是生活在对更好的期待之中，与此同时也经常后悔和怀念往昔的时光。现时此刻则只是暂时被忍受而已，我们只把它视为通往我们目标的途径。这样，在就快到达人生的终点时，回眸往昔，大多数人都会发现自己自始至终都是“暂时”地活着；他们会很惊讶地看到：自己不加留意和咀嚼就听任其逝去的东西正好就是他们的生活，正好就是他们在生活中所期待之物。这样，一个人的一生总的来说就是被希望愚弄以后，一头扎入死亡的怀里。（《论生存的痛苦与虚无》）

我们总是无端地假定，美好及其相关的一切不会呈现在眼前和当下，而是在“过去”或“未来”。所以我们潦草地对待无数个“当下”和“此刻”。可是我们忘了，每一个“当下”和“此刻”都将通向“过去”或“未来”。与其缅怀那些逝去的往昔，追逐那些缥缈的未来，不如好好把握每一个“当下”和“此刻”。

人生的局限

所以，尽管人们的外部条件可能发生很大变化，但每个人的生活都表现出一致的地方，这就像同一主旋律上的一系列变奏。人不能超越自己。一个动物被安置在某一环境里，它就得局限在自然给它安排的这个狭小圈子里。人也是这样，人们孜孜以求幸福的努力永远都保持在其本性所许可的范围，被局限在能感觉到的程度；人所能获取的幸福的多少，预先就由他的人格所决定了。（《人生智慧》）

有时候，我们的双眼就是我们的牢笼，而目光所及之处就是牢笼的铁栏杆。

不论这一世你活得多么成功或精彩，实际上每个人都有自己的局限，人定胜天也只不过是一种信心的展现。我们年轻时志向远大，想要通过努力改变世界，使它更加美好；后来却渐渐发现，改变世界实际上很难做到，我们能影响世界的也只有极少部分，更多时候，我们需要的是改变自己。

人生的态度

人生无论以何种面目出现，构成人生的仍是同一样要素。所以，无论这一生是在茅棚、王宫，抑或军营、修道院里度过，人生归根到底还是同一样的人生。人生的际遇、历险，获得的幸福或遭受的不幸尽管千差万别，生活仍像糖果一样：尽管糖果的形状千奇百怪、颜色多种多样，但都由同一样糖果浆做成。一个人的遭遇和另一个人的经历，彼此的相似度远甚于我们根据他人的描述所认为的那样。我们生活中的事件就犹如万花筒里的画面，每次转动万花筒都让我们看到不同的画面，但我们的眼前就只是那同一个万花筒而已。（《建议和格言》）

生活就像一片森林，每个人都是里面一棵棵孤独的树，有的树枝繁叶茂，有的树枝疏叶稀，但最终都将枯萎凋零。不要抱怨人生的不公，有些人在命运的摧残下一样能迸发出生命的光彩，有些人接受了上天的眷顾仍然渐渐沉沦。生活本就是一个万花筒，五光十色，既然它已经让我们阅尽浮华，不如学着敞开心扉吧，享受光鲜的同时，也要学会接受暗淡。

幸福的死敌

对生活稍作考察就可以知道：痛苦和无聊是人类幸福的两个死敌。关于这一点，我可以作一个补充：每当我们感到快活，在我们远离上述的一个敌人的时候，我们也就接近了另一个敌人，反之亦然。所以说，我们的生活确实就是在这两者当中或强或弱地摇摆。（《人的自身》）

生活中，我们似乎很难摆脱痛苦和无聊的侵蚀。我们奋勇行进，无奈前路漫漫，痛苦像荆棘般缠住我们的双脚，慢慢爬向我们的内心。终于，我们历经艰难险阻，到达了目的地，可以停下来歇息片刻，获胜后的空虚寂寥却又不肯放过我们。

幸福虽然简单，但并非唾手可得，它源于我们自己的内心，却也要经受住内心的重重考验。在人生的道路上，只有那些经得住痛苦和无聊的人，才能把握住长久的幸福。

生存之虚无

生存的虚无通过下面所有这些而充分显现出来：生存的整个形式；时间和空间的无限和相比之下个体在时间和空间的有限；现实此刻匆匆即逝——现时此刻却是现实的唯一存在形式；所有事物之间依存和相对的关系；一切都是变动不居，没有任何长驻、确定的存在；永恒地渴望而又永远无法得到满足；一切努力奋斗都遭遇障碍——这就构成了生命的进程——直至这些障碍被克服为止，等等。时间以及在时间之内的所有事物所具有的消逝、无常的本质，只不过就是一种形式，上述种种争取和努力的虚无本质就以此方式向生存意欲显现了出来，而生存意欲作为自在之物是长驻、永恒不灭的。由于时间的原因，所有一切在每一刻都在我们的手里化为虚无并以此失去其真正的价值。（《论生存的痛苦与虚无》）

时空无穷无尽，有时我们会惊愕，自己竟如此渺小，纵使全力拼搏，也只是大千世界中微不足道的个体。

我们可以感叹“寄蜉蝣于天地，渺沧海之一粟”（苏轼《前赤壁赋》），但既然上天已经赋予我们生命，不如就在这虚无中寻找生活的意义。

远离痛苦就是快乐

谁要从幸福论的角度衡量自己一生是否过得幸福，他需要一一列出自己得以躲避了的祸害，而不是曾经享受过的欢娱、快感。的确，幸福论从一开始就告诫我们："幸福论"这一名称只是委婉的名称而已；所谓"幸福的生活"，实应被理解为"减少了许多不幸的生活"，亦即还能勉强忍受的生活。

我们不应该以痛苦为代价去购买快乐，甚至只是冒着遭受痛苦的风险去这样做也不行，否则，我们就会为了那些否定、因而是虚幻的东西而付出肯定和实在的东西。但如果我们牺牲欢娱以避免痛苦，那我们肯定获得收益。在这两种情况下，究竟痛苦是等到快乐过去了才来到，抑或是先快乐而至，其实并不重要。（《建议和格言》）

伏尔泰在致弗洛安侯爵的信中曾说过："快乐只不过是一场幻梦，但痛苦却是真正实在的。"人生苦短，我们无法永远活在快乐之中。其实幸福最大的秘诀并不是刻意追求无上的快乐，而是远离无谓的痛苦。

快乐稍纵即逝

正因为一切快乐幸福都有一种消极的特性，是以，当我们能成功地生活在完全舒适的环境时，我们并不能正确地意识到这一点。一切都好像轻悄悄从我们身边掠过，可是简直还没有触及我们，这瞬间已经流逝；然后，积极地感觉到缺少些什么的心理告诉我们那已消失的快乐；在那时，我们才觉察到。我们没有紧紧把握住它，并且我们备尝自我谴责与匮乏之苦。（《争论的技艺》）

有时候，快乐的感觉如此短暂，如烟花一般稍纵即逝，我们甚至还没看清它的模样，夜空就已经漆黑一片，只留下我们独自叹息。活在当下，我们却更喜欢瞻前顾后，也许是因为我们忘了，快乐本就短暂，痛苦本就是必然。

下一次曲终人散之际，请不要忘记感谢那些带给我们快乐的人和事。珍惜眼前的幸福，把那悄然而去的快乐留在心中吧。

战胜空虚

人的内在空虚就是无聊的真正根源，它无时无刻不在寻求外在刺激，试图借助某事某物使他们的精神和情绪活动起来。

使我们免于这种痛苦的手段莫过于拥有丰富的内在——即丰富的精神思想。因为人的精神思想财富越优越和显著，那么留给无聊的空间就越小。这些人头脑里面的思想奔涌不息，不断更新；它们玩味和摸索着内在世界和外部世界的多种现象；还有把这些思想进行各种组合的冲动和能力——所有这些，除了精神松弛下来的个别时候，都使卓越的头脑免受无聊的袭击。（《人的自身》）

心无所依的空虚，是人生最冰冷无底的黑洞，也是生命最绝望无助的深渊。要从黑洞和深渊中逃离、飞升，只能借助于精神的充实和圆满。

时间的秘密

逝去已久的一幕往事，包括参与其中的人物，在我们的记忆中显得特别令人愉快，因为记忆把无关紧要的和烦扰人的东西都清除掉了。现在此刻却没有这一优势，所以它在我们的眼中总是充满着缺陷和不足。

我们日常生活中的琐碎小事和芝麻绿豆般的烦恼、不幸，只要它们是在现时和在我们身边发生，并因此刺激起我们的感情、忧虑、懊恼和情欲，那么，这些事情就会显得很大、很重要。一旦永不疲倦的时间长河把这些事情带走了一段距离以后，它们就会变得毫无意义、不值一提，并且很快就被我们忘掉，因为这些事情的大小与否全在于它们与我们距离的远近。（《心理散论》）

时间就像一个魔术师，它带走烦恼，留下美好。随着时光流逝，留在我们脑海中的，往往都是最美丽的记忆。如果你感到困苦不幸，无须过于悲伤，因为时间自会沉淀一切、治愈一切。

时间与记忆

人们在不时地学习，但更多的还是遗忘。记忆就像一把筛子，随着时间的流逝，那些小孔变得愈来愈大：我们年岁愈大，留存在记忆中的东西便遗忘得愈快。反之，在早年那被牢牢记住了的东西则不会被遗忘。老年人的记忆是愈往回走便记得愈清楚，而离现在愈近的事情，其记忆便愈模糊；所以老年人的记忆就像他们的眼睛一样变得远视了。（《宗教对话及其他》）

随着时间的消逝，留在我们脑海中的都是那些最值得停驻的回忆，无足轻重的琐事和生活里的路人会渐渐淡出我们的视野。

老人的日子总是平淡如水，或许昨天的人与事今天便已经忘记，可遥远的过去，那些忘不了的悲欢离合，就像一幅幅版画印在他们心里，有时想起来竟也会老泪纵横。

记忆是一张纸，上面记录着人的一生，历经风吹日晒终变得千疮百孔，可能也只有时间才能真正读懂它吧。

精神的力量

人类自身深思熟虑的程度，或者说能够清晰意识到我们自身存在或他人存在的程度，却根据人们得之于自然的精神能力的大小及其发展程度，以及人们用于静思默想的闲暇时间的多寡，而出现许多梯级差别。(《心理散论》)

在精神的领域、思想的疆界，我们能走多远，能洞察多深，不在于我们的科技有多么发达和先进，而在于我们和自然与原始有多贴近；不在于我们有多张扬和外放，而在于我们给心灵留下多少安静和沉思的空间。

享受精神世界

一个精神丰富的人在独处的时候，也能沉浸于自己的精神世界，自得其乐；但对于一个冥顽不灵的人，接连不断的聚会、看戏、出游消遣都无法驱走那折磨人的无聊。一个善良、温和、节制的人在困境中也不失其乐；但贪婪、妒忌、卑劣的人尽管坐拥万千财富都难以心满意足。（《基本的划分》）

灵魂充实、幸福盈满的密钥，不在于物质，不在于金钱，不在于权势，不在于地位……不在于世间种种可以考量和计算的外在和有形之物，而在于那看不见的内在和无形之体：心的良善和宽容，欲望的节制和约束，知足和感恩，同情和体谅，仁慈和退让。

欲望与痛苦

除此之外，还有个体意欲的贪得无厌——正是因为这一缘故，每一个愿望的满足就又产生出新的愿望，这样的渴求永难满足，了无尽期！但是，这一切归根到底都是因为意欲本身就是统治万物所属的世界的君王；因此，部分是难以让它满足的，只有全部才能让它称心如意——但全部又意味着无限了。与此同时，当我们考虑到这化身在个体现象的世界君王所能获得的又是多么微薄——通常只是足够维持个体的身体——那我们又被激发起了深刻的同情。个体深重的痛苦也就由此而来。（《论生存的痛苦与虚无》）

爱情、财富、地位、名声，甚至健康，对这些事物的贪恋无休止地纠缠着我们，如此真实，却又如此令人痛苦。终于走过了一座难以逾越的高山，哪知山外还有山，何处才是尽头？欲望折磨着众人的心灵，当我们受它的驱动时，当它主宰了所有的热情、恐惧和希望时，不妨反思一下，这一切究竟是否值得？

渴望与绝望

一个人渴望什么，他就会相信什么，这是相当自然的事情；正因为他渴望，所以他才相信。如果一个人由于受到命运接二连三的、异常冷酷的打击而最终失去了本性之中这一有益和起缓解痛苦作用的特点，当他反过来走到这一地步：相信他不情愿的事情肯定会发生，而他渴望的事情绝对不会发生——绝对不会发生是因为这是他渴望的事情——那这样一种状况确实就是我们所说的绝望了。（《心理散论》）

如果我们足够勇敢，对渴望之事，我们便能义无反顾地去追寻，途中也许会失败，但我们会选择重新站起来。可命运之神有时就是如此无情，她没有因我们的努力而微笑，而是始终注视着我们一次次跌倒……终于，我们放弃了，绝望了。

由热切的渴望变成失意的绝望，是每个人都会经历的过程，有时并非因为我们不努力，可能命中注定有些事情超出了我们的能力。既然明白这一点，那就释然一些吧，生活需要继续，幸福也许在下一个街角等着你。

希望的另一层意义

希望就是把渴望某一事情的发生混淆成认为这一事情很有可能发生。或许无人能够摆脱这种心的愚蠢——它扰乱了智力对一件事情发生的可能性的正确评估，以至于把一件绝大多数人都认为不可能发生的事情也视为很有可能发生。不过，一桩不给我们留下任何希望的不幸就像即时毙命的一击；而希望不断破灭、不断重生就酷似凌迟处死。（《心理散论》）

谁不希望自己的生活里充满希望呢？如果“希望”意味着“美好”和“光明”的话，我们多么需要用“希望”来激励自己在逆风中前行，在黑暗中奋进。

然而我们却不能忽略，不切实际的希望带给我们的痛苦和戕害。

我们当然要知难而进，可有些时候也要知难而退。

生活的心态

我们的智力能够集中其力度，抑或松懈、无力，这决定了生活呈现在我们眼里的样子。如果我们的智力属于前一种情况，那生活就会显得短暂、渺小和匆匆即逝，生活中没有什么事情值得我们为之激动；相反，一切都是无足轻重的，甚至快乐、财富和名声也是这样。我们对生活甚至会形成这样的看法：无论一个人遭受过怎样的失败，他也不会真的在这方面失去很多。但如果智力属于后一种情形，那在这种智力的审视下，生活就反而显得漫长和重要，一切都马虎不得，但又充满艰难，我们因此全身心地投入其中以争取快乐，跃跃欲试地要大展一番拳脚，并确保占有从搏斗中获得的战利品。（《心理散论》）

出世与入世，淡然与纠结，放弃与争取，生活就是如此矛盾。也正因如此，我们千变万化的心态就成了转动魔方的手指，让这个世界丰富多彩，充满了无尽的可能性。

现实与虚幻

在世事学问方面，作为初学者的青少年需要学习初步的和至为困难的一课，但即使成熟的人也必须经常在这方面补课。这学问本身就已经相当困难，而这些困难又被小说加倍增加了，因为小说所描绘的人的行为和事情的发展并不真正在现实中发生。但这些东西却被轻信的年轻人接受和吸收进头脑里面。（《论教育》）

现实生活不免会有令人感觉枯燥的时候，我们往往借助小说、电视、网络、游戏来填补生活中的空洞。

虚幻的事物有时如沉沉夜色中的霓虹般耀目，虽则美丽，但背后一片虚无。我们不知不觉间轻信了其中的谎言，现实却依旧有残酷冷漠的一面等着我们去应付。

在不清醒的头脑里，现实与虚幻就像在天际间不停摇曳，的确很难区分。其实，当我们困惑时，不如停下脚步，静一静，想一想，也许就会豁然开朗。

爱情并非小说

这些华而不实的设想在以后的日子里甚至造成思想的混乱，把人生经验给予我们的教训也颠倒过来理解，使我们错误理解获得的教诲。如果说在此前青年人只是在黑暗中摸索，那么，现在他们则被鬼火引入了歧途。对于女孩子来说，这种情形尤为严重。一种完全虚假的人生观通过小说强加给了青年人，同时，这种人生观又刺激起他们对生活的期望，但这些期望又是永远无法实现的。这些通常都给年轻人的一生带来不利的影响。（《论教育》）

青春年少时，我们无不期待一场轰轰烈烈、令人沉醉的爱情，每个人似乎都为了爱情做好了赴汤蹈火的准备，即使只是在心里。

可是爱情并非小说，现实生活大多数时候还是平淡如水，只是偶尔会和人们开个小小的玩笑罢了。

很多人愤愤不平，叫嚣着如果回到过去，一定会大胆地爱一次。其实小说往往到此为止，岁月却还告诉我们，真正的勇气是去面对和接受生活的平常和失意。

淡然处世

谁要是完整地接受了我的哲学的教诲，并因此知道我们的整个存在其实就是有不如无的东西，而人的最高智慧就是否定和抗拒这一存在，那么，他就不会对任何事情、任何处境抱有巨大的期待；不会热烈地追求这尘世的一切，也不会强烈抱怨我们计划的落空和事业的功败垂成。相反，他会牢记柏拉图的教导："没有什么人、事值得我们过分的操心。"（《建议和格言》）

尘世是一场华美的庆典，有时隆重得令人难以承受，但漫天火树银花终将化为灰烬，随风而逝。

那些令我们失望的事，那些让我们伤心的人，总有一天我们不会再去难过和纠结。佛家说："色即是空，空即是色。"（唐三藏法师玄奘译《般若波罗蜜多心经》）想成为生活的智者，我们需要学会淡然处世。

顺势而为

一个人在无意识的情况下所完成的事情是不费吹灰之力的，这却是任何努力都无法代替的。原初、自发的观念、思想就属于这一类东西——它构成了一切真正成就的根基和内核。因此，与生俱来的才是真正无懈可击的。任何人如果想成就某样事情，就必须在他所从事这一工作的时候——不管这是商业、写作抑或教育——在不认识个中规律的情况下遵循着规律。（《心理散论》）

艺术史上不难看到这样的例子：画家无意间捕捉到了惊人的灵感，作家感觉人物自己完成了行为和对话……那灵光乍现的一瞬，宛如缪斯神助。

有些成就不需要强求，有时听凭灵感的指引，也许就能事半功倍。当我们遇到阻碍和瓶颈，不如试着顺势而为。

境由心生

我们情绪、心境的许多不同变化也每时每刻发挥出同样的作用。因为这些情绪变化的缘故，我们所见的事物每天都处于不同的光线之中。这种情形也同样缓解了意识、思想的单调状态，其作用方式一如持续变换的日光照射在一处美丽的乡村风景：在变幻莫测、层出不穷的光线效应的帮助下，这一风景让人百看不厌。所以，处于不同的心境，我们熟悉的东西就显现出新奇的一面，并引发出我们新的看法和见解。（《心理散论》）

以我观物，万物皆着我之色彩。悲伤难过时，虽然晴空万里，却会感到阳光刺眼；愉悦轻松时，纵使细雨蒙蒙，依然充满诗情画意。

佛说："物随心转，境由心造，烦恼皆心生。"（仓央嘉措《问佛》）有什么样的心情，就有什么样的风景，平日里熟悉的人和物，也会随着我们心境的变化，带给我们别样的体悟和感受。

让生命充满刚性

对于粗制滥造者而言，他们乖乖地依偎着同时代的大众，随时准备着为同时代人反复无常、变幻不定的需要效劳。所以，这些人的生活境况一般都很不错，但天才却经常在非常悲惨的条件下生存——这是因为天才为了客观的目标而牺牲了自己个人的安乐。天才这样做也是身不由己的，因为客观的目标才是他的关切所在。粗制滥造者的做法却刚好相反，所以，他们是渺小的；但天才是伟大的。（《论天才》）

有些人随波逐流，人云亦云，毫无主见，也许他们是时代的投机者，获得了功名利禄，可他们也同样是人生的谎言家。

真正的勇者则能够坚守崇高的信仰，他们背负着世人的怀疑和轻视，忍耐着生活的孤独与清贫，执意守护思想的净土，让自己的生命充满刚性。

是做一个投机取巧的钻营者，还是做一个坚定独立的实干家，每个人自会做出抉择。

不要封闭自我

在孤独生活的诸多不便当中，一个不好之处并不容易引起我们的注意：正如持续待在室内会使我们的身体对外界的影响变得相当敏感，一小阵冷风就会导致身体生病；同样，长期离群索居的生活会使我们的情绪变得异常敏感，一些不值一提的小事、话语，甚至别人的表情、眼神，都会使我们内心不安、受伤和痛苦。相比之下，一个在繁忙当中生活的人却完全不会注意到这些鸡毛蒜皮的事情。（《建议和格言》）

有些时候我们厌恶了社会上的尔虞我诈却又无能为力，生活令我们疲惫不堪，我们宁愿选择独处也不愿再次融入人群。独处有其好处，但长时间独处很容易让我们封闭自我。

人群就像一堆火，聪明的人在取暖时会与火保持一定距离，傻瓜却因太靠近火堆而灼伤自己，转而一头扎进寒冷的孤独之中，大声抱怨那明亮的火苗。

不要以己度人

每个人都会把自己视觉范围的尽头当作是世界的尽头，这一错觉无论对于肉眼——它们把地平线上的天、地视为相连——还是精神智力方面的眼界而言，都是难以避免的。正是部分出于这一原因，每个人都以自己的标准衡量别人，而这样的标准通常不过是一个裁缝的标准而已，但我们又不得不对此加以忍受；另外，每个人都毫无根据地把自己的平庸和渺小加之于我们，而这样的天方夜谭却又居然马上就被人们作为事实接受下来。（《心理散论》）

通常，喜欢夸夸其谈和自以为是的人，也是空虚无聊和无知无识的，他们总以自己的趣味去衡量别人。以己度人者如同井底之蛙，只会让人感到厌烦，谦逊恭谨者才会得到尊重。唯有具备宽容开放的胸襟，方能为未来道路拓展全新的视界。

人为谁而活

几乎所有的人毕生不息地奋斗，历经千难万险，最终的目标就是让别人对自己刮目相看。人们拼命追逐官位、头衔、勋章还有财富，其首要目的都是为了获取别人对自己更大的敬意，甚至人们掌握科学、艺术，也是从根本上出于同样的目的。所有这些都只不过令人遗憾地向我们显示了人类的愚蠢已经达到多么厉害的程度。把别人的意见和看法看得太过重要是人们常犯的错误。这一错误或许根植于我们的本性；或者，它伴随着社会和文明的步子而产生。不管怎样，它对我们的行为和事业都产生了超乎常规的影响并损害了我们的幸福。（《人所展现的表象》）

我们在人世间安身立命，渴望获得一席之地，有些人想出人头地、做人上人，有些人想浑水摸鱼、游戏人生，人到底为谁而活呢？我们总是太看重别人的想法了，总是由别人来告诉我们该怎样做、不该怎样做，总是由别人来判定我们生活的成败。浮生如驰影，走自己的路，让别人说去吧。

如何对待他人的评判

我们所展现的表象——这也就是我们的存在在他人心目中的样子——通常都被我们过分看重，这是我们人性的一个特殊弱点所致。虽然稍作简单的思考我们就可以知道，他人的看法就其本身来说，对我们的幸福并非至关重要。从增进幸福的观点出发，我们应该抑制这一人性弱点；应该细致考虑和恰如其分地评估它的真正价值，尽量减低我们对待别人意见的敏感程度，无论我们在受到别人意见的赞同抑或伤害时都应如此，因为这两者悬挂在同一根线上。否则，人们就只能成为他人的看法和意见的奴隶。（《人所展现的表象》）

有的人因为别人的一句赞扬便能心花怒放，即使这句赞扬并非出自真心；有的人因为别人的 句批评就会垂头丧气，即使这个批评并不客观可靠。

他人的判断是一面明镜，折射了被评判者的面貌，也折射了评判者的观念。正确评估自身价值和看待他人对自己的评判，这对我们的幸福大有裨益。很多时候，最了解我们的还是我们自己。

别被人的表象迷惑

在与他人的交往中，人们就像月亮和驼背人——总是露出其中的一面。确实，每一个人天生就有一副本领来挤弄自己的五官，装出心目中的那副模样。一个人的面具纯粹是出于自己的个性而制作的，所以，这副面具跟他本人配合得天衣无缝，产生的效果极具欺骗性。一旦需要取悦他人，他就戴上这副面具。我们应把他人的面具视为一层油布而已，它的价值不过如此。我们要牢牢记住这一绝妙的意大利谚语："没有哪只狗是坏到不会摇尾巴的。"

无论如何，对一个我们刚刚认识不久的人，都应注意不要评估太高。否则，十之八九我们都会失望、羞愧，甚至招来祸殃。（《建议和格言》）

人们都愿意把最有利于自己的一面展现于世人面前，于是我们能看到伪善的媚笑，也能听到虚伪的夸饰。世上最难看透的便是人心，所以请不要被人的表象迷惑，时间会帮助我们洞察虚实。

每个硬币都有两面

对于任何正在发生的事情我们都要马上清晰地想象到其相反的一面。因此，在富裕之时看到落魄、不幸，从友谊想到反目成仇，在风和日丽时想到电闪雷鸣，从爱看到恨，从信任和坦白看到背叛和愧疚，等等，反之亦然。这样做会使人们永久地增进那真正的、人世间的智慧，因为我们会变得凡事都会深思熟虑，不会轻易地受骗上当。

一个明智的人其实就是一个不会被事物恒久不变的表面所欺骗的人，他甚至预见到了事情即将往哪一方向变化。但是在一般情况下，常人却把目前事物的状态或者它们发展的方向视为恒久不变。（《建议和格言》）

凡事都具有两面性，倘若只被事物的表象所迷惑，不免管中窥豹、顾此失彼。一般人只看到了微风细雨，聪明人却预见到了即将到来的狂风暴雨。

人间犹如喜剧

如果我们不再从大处审视世事发展的进程，尤其是人类快速的世代更迭及其匆匆一现的存在假象，而是转而观察人类生活的细节——就像在喜剧里所展现的样子——那么，我们头脑中获得的印象就犹如透过高倍显微镜观察满是纤毛虫的一滴水或者察看肉眼难见的一小块奶酪菌——里面的螨虫辛勤地活动和争斗使我们失声而笑。这是因为正如在极为狭窄的空间展开严肃认真、隆重其事的活动会产生喜剧的效果，同样，在极为短暂的时间里做出同样的事情也产生出同样的作用。（《论生存的痛苦与虚无》）

职场中钩心斗角、尔虞我诈，生活中欺软怕硬、言行不一，世界似乎化为了无数个小圈子，人们游弋其中，乐此不疲。

名利场上众生百态，犹如戏剧定格的瞬间。蜉蝣者，朝生暮死。如果我们放眼于广袤的时空，那些令人啼笑皆非的场景顿时会显得无足轻重，因为人生是多么短暂而珍贵，容不得片刻的虚掷。

理解世界

（人之苦难与人性善恶）这就是永恒的轮回，这轮回圈里面的一切无一不显示出这一点；人类世界则把这一事实表现得至为清楚，因为在这里，恶劣、无耻的德性和低下、愚蠢的智力占据着上风。尽管如此，我们仍然看到重又唤起我们惊讶的现象偶尔分散地出现。这些就是人们表现出来的诚实、慈善，甚至高贵，还有伟大的理解力，甚至天才的思想。这些东西从来不曾完全泯灭，它们孤独地分散在各处并闪耀出光芒，为处于黑暗之中的大众照明了方向。我们必须把这些视为证实这一真理的凭证：在这永恒的轮回中，一条美好、救赎的原则深藏不露，它能够冲破这一轮回并为这轮回之中的全体带来鼓舞和解救。（《伦理道德散论》）

人类的生存充满苦难，人性又如此复杂善变，但我们不应失去生之希望。世界有它阴暗粗粝的一面，也有光明柔软的一面，到底该如何理解我们生存于其中的这个永恒的轮回，或许该问问我们自己的内心。

命运的力量

人们常常会看到这种情形：一个人遭受了极大的苦难和疾病的折磨之后便无法再享受到健康的快乐，他的劳动果实为他人据为己有；或者，他曾为之辛劳和奋斗多年而获得的地位，他自己不能占有。命运对他太苛刻了，与此相应，他的运气也太不济了，例如，当他想有所成就时，也就是说，想在艺术或文学中取得成功时，公众的欣赏口味却可能已改变了，新的一代已经成长起来，他们对他的作品不感兴趣；其他人则走捷径，先发制人，超过了他。当贺拉斯为一切忠告均无效而深感遗憾时，这些一定是他早已预见到的生活的严酷现实："为何因小利而费精神？"任何稍有头脑的人最终将明白，他们都是受命运支配的，是由命运塑造而成的，为此，他们极虔诚地感谢命运的教诲。（《劝诫与格言》）

俗话说事在人为，却也有成事在天一说，命运在不知不觉中影响着我们的人生轨迹，有时无论我们怎么努力，运气就是差那么一点。命运有让人无奈的时候，也有鼓舞人心的时候，无论怎样，有一点或许是公认的：事不人为，天也难成。

与命运博弈

我相信运气至为重要。我们的一生可比作一条船的航程。运气——顺运或者逆运——扮演着风的角色，它可以迅速推进我们的航程，也可以把我们推回老远的距离；对此，我们的努力和奋斗都是徒劳无功的。我们的努力和挣扎只是发挥着桨橹的作用。我们竭尽全力挥舞桨橹数小时，终于向前走了一程，这时，突如其来的一阵强风一下子就能使我们倒退同样的距离。

但是，运气却是一股邪恶、危险的力量，我们应尽可能少地听任其摆布。（《建议和格言》）

回顾往昔，我们走过无数远路和错路，但不能因此太过责备自己。人生有时就是那么令人无奈，一如菲茨杰拉德在《了不起的盖茨比》中所说：“我们奋力向前，逆水行舟，被不断地向后推，被推向过去。”

面对命运的捉弄，我们能做的就是不断反省和修正自己的计划。风雨飘摇中，即使远方灯塔的光芒无比模糊，也要坚定地走下去。

生命的历程

我们还可以把生活比作一幅刺绣品：处于人生前半段的人看到的是刺绣品的正面，而到了人生后半部分的人，却看到了刺绣品的背面。刺绣品的背面并不那么美丽，却给人以教益，因为它使人明白看到刺绣品的总体针线。

我们在青年时代感受到喜悦之情和拥有生活的勇气，部分的原因是我们正在走着上坡的路，因而并没有看见死亡——因为死亡处在山的另一边山脚下。当走过了山顶，我们才跟死亡真正地打了照面。而在此之前，我们只是从他人的口中了解到死亡这一回事。到了这个时候，我们的生命活力已经开始衰退，这样，我们的生活勇气也就一并减弱了。这时候，抑郁、严肃的表情挤走了青春年少时目空一切的神态，并烙在了我们的脸上。只要我们还年轻，那么，不管人们对我们说些什么，我们还是把生活视为长无尽头而因此挥霍时间。我们年纪越大，就越懂得珍惜我们的时间。到了晚年，每度过一天，我们的感觉就类似于一个向绞刑架又前进了一步的死囚。（《人生的各个阶段》）

生命是一场奇妙的旅行，人的一生就犹如太阳的轨迹，有起有落。

懵懂的童年就像是霞光万丈的清晨，一切都显得美丽动人；太阳缓缓升起，我们不知不觉从青年迈向中年，躁动不安的心变得沉着理智；当太阳最终在天际间若隐若现，我们步入晚年，一切逐渐归于沉寂。

不用担心生命的终点会在何时来临，人生的意义在于我们可以领悟到这场旅行的珍贵。

生命的历程——幸福的童年

在生命这最初四分之一时间里，我们能够享有喜悦之情。童年期过去以后，留在我们身后的是一段天堂般美好的时光。

在童年的世界，一切事物都带有一种新奇的魅力。据此，我们的童年时光就是一首持续不断的诗篇，这是因为在童年时期，生活——就这个词的全部、完整的含义而言——是那样新奇、鲜活地呈现在我们眼前，生活所给予我们的印象并没有因为多次的重复而变得模糊不清；而在我们的童年活动当中，我们在并不清楚自己目的的情况下，总是默默地忙于从我们所见的单个场景和单个事件中，了解生活自身的本质，把握生活形态的基本典型。正如在初春，树叶都带着同样的颜色、具有几乎一模一样的形体，同样，我们在幼年时也是彼此相似，并因此和谐一致。（《人生的各个阶段》）

任谁都知道，童年是我们人生篇章中一首透明的诗，一个绚丽的段落，一场我们永不愿醒来的美梦。童年是我们此生此世欲回而不得的故乡。

可是，不是谁都明白，“童年”之所以美好，不在于其他，而在于彼时我们的心底纯净坦荡，没有太多的杂质和不洁，没有太多的牵绊和困扰。

生命的历程——躁动的青春

在这青年时期，困扰我们、造成我们不幸福的是我们对于幸福的追求。我们紧抱着这一个假定：我们可以在生活中寻觅到幸福。我们的希望由此持续不断地落空，而我们的不满情绪也就由此产生。我们梦想得到的模糊不清的幸福在我们面前随心所欲地变换着种种魔幻般的图像，而我们徒劳无功地追逐这些图像的原型。

在青春岁月，无论我们身处何种环境、状况，我们都会对其感到不满，那是因为我们刚刚才开始认识人生的空虚与可怜——在此之前，我们所期盼的生活可是完全另外的一副样子——但我们却把无处不在的人生的空虚与可怜归咎于我们的环境、状况。（《人生的各个阶段》）

年轻的我们是躁动的，我们寻找爱却不知爱为何物，我们渴望逃离却不知路在何方。寻寻觅觅的理想，和沙漠中的海市蜃楼一样难以企及。

青春就像一团火，燃烧着的不光是激情与活力，也是不安与青涩。

生命的历程——理智的中年

人生的后半部分，犹如一个乐段的后半部分，比起前半部分减少了奋斗和追求，但包含了更多的安宁和平和。一个成熟的人从自己的生活经验中所能获得的，就是摆脱偏见，让思想得到自由；这样，他发现世界与他儿时和青年时期所看到的迥然有别。他开始以朴素的眼光看待事物，客观地对待它们。

一个人的高人一筹的智力，甚至最伟大的精神智力，也只有到了40岁以后，才会在言谈之中显示其明显优势，成熟的年龄和丰富的阅历在许多方面无法跟高出一筹的精神智力相匹敌，但是，前者却始终不能被后者所取代。（《人生的各个阶段》）

人到中年，收获的是从容与理智，我们不再为生活的不公而烦恼，也不再因现实与理想的差距而迷茫。生命已经过半，品味过爱恨情愁后，需要的是担负责任；饱尝了酸甜苦辣后，需要的是随遇而安。

生命的历程——平和的晚年

到了老年，人们就会知道，在这个世界本就没有什么幸福、快乐可言，他们因而心安理得地咀嚼、品尝着那得过且过的现状，甚至于从平淡无奇中找到乐趣。

在年轻时候，我们误以为，我们生活中的重要人物和有影响的事件会大张旗鼓地露面和发生。到了老年以后，对生活所做的回顾和考察却告诉我们，这些人物和事件都是悄无声息、不经意地从后门进入我们的生活。

从年轻人的角度看，生活就是漫长无尽的将来；但从老年人的角度观察，生活则是一段极其短暂的过去。在人生的开端，生活所呈现的样子，类似于我们把观看歌剧的望远镜倒转过来张望；在人生的末尾，我们则以惯常的方式用这望远镜观看。

有不少人到了老年才表现出自己最好的一面，他们既温和又宽容，因为到了此时，他们更富于人生经验，为人处世更加泰然自若。（《人生的各个阶段》）

步入晚年，也就步入了人生的黄昏，一生的历练造就此时淡泊从容的心态，以往那些年少轻狂的美梦、争强好胜的心机，全都化作记忆中的往事，云淡风轻。沉淀自己，生命方才归于完满，如同秋天的一池静水，平和安宁。

对生命的眷恋

祝您长命百岁是西班牙人常用的问候语，全世界的人都很爱祝他人长寿。可能人们并非出于对生命的了解而讲出这样的祝福，而是出于对本身最深的天性——生存意志的感知。人们想流芳千古的愿望——好高骛远的人因此而热衷于沽名钓誉——在我看来就是出于对生命的眷恋。当一个人生存的所有可能性都被否定之后，他仍旧会挣扎着想活下来，就算活得如幻影般虚无也好。（《宗教对话及其他》）

每个人的出生都是命运的安排，婴儿刚离开母体就开始啼哭，挣扎着想要睁开眼睛看看这个世界，那种本能的冲动似乎就预示着人对生命与生俱来的眷恋。

无论贫富贵贱，无论经历怎样的苦难，人很难被生活彻底打败，因为生之渴望远比放弃之决心强烈。生活虽不易，穷途末路之际尚可从头再来，生命却无法从头再来。

当生命走到尽头

死亡虽然让人们不寒而栗，但死亡并非真的一大不幸。很多时候，死亡看上去甚至是一件好事，是我们渴望已久的东西，是久违了的朋友。所有在生存或者奋斗过程中碰上无法克服障碍的人，还有得了不治之症的病人或者承受了难以排遣的悲痛的人，到最后，起码还可以有这一通常自动向他们敞开的退路，返回到大自然的怀抱。

正是由于深深意识到自己的本质不灭，每一动物，甚至每一个人才会心安、平和、漫不经心地走在随时夺命的意外和危机中，并迎头走向死亡。正因为这样，从它（他）们的眼神中，才会流露出种属的安宁，因为种属是不会受到个体毁灭的影响。这种安宁是那些不确切和过一时换一个样的教条所无法给予人类的。

对死亡感到害怕大都是因为死亡造成了这样的假象："我"从此就要消失了，而这一世界却依旧存留。其实，与此相反的看法才是真的：这一世界消失了，而"我"深处的内核却将永存，它承载和产生出主体——

而这一世界唯独在主体的头脑表象里才有其存在。（《论死亡》）

死亡终究会来临，它到底是带走了我们，还是带走了这个世界？这是人生的最后一道考题。假如生命走到尽头，我们或许会抗拒，或许会害怕，或许对生恋恋不舍，或许想要从头再来……其实，死亡并不可怕，它非但不会泯灭我们的本真，反而是自然赋予我们的全新的生命形式。

死亡的意义

看到我们熟悉和感到亲切的人死亡，我们会感受到某种深刻的创痛，原因就在于我们感觉到：在每一个人的身上都有某种无以名状、为这一个人所独有的东西；现在这种独特之物是完全不可挽回地一去不复返了。“每一个人都是深不可测、难以探究的。”（《心理散论》）

生命是神圣而神秘的，它是上天赋予每个人最宝贵的财富，可每个人的生命终有一天会结束。

当心爱的人离我们远去，迎接他们的是全新的存在形式，我们需要面对的则是生者的痛楚和孤独——我们再也无法聆听他们的声音，再也无法与他们一起欢笑。

死亡也许是可怕的，它无法被阻止，大多数时候也无法预测。如果诞生的意义在于延续，那死亡的意义可能是告诫人们：珍惜自己和身边的每一个人。

生活是一场战斗

在遭遇每一不幸或承受每一痛苦时，最有效的安慰就是看一看比我们更加不幸的其他人——这人人都可以做到。但如果所有人都承受着不幸和痛苦，那我们还会有其他方法吗？我们就像在草地上玩耍的绵羊，屠夫则盯着这些绵羊，心里已经想好逐一向它们开刀的次序。这是因为在好日子的时候，我们并不知道命运此刻已为我们准备了何种不幸和祸害：疾病、贫困、迫害、残废、失明、疯狂抑或死亡。

历史向我们展示国家和民族的生活，但除了向我们讲述战争和暴乱以外，别无其他，因为天下太平的日子只是作为短暂的停顿和幕间的休息偶尔、零散地出现。同样，个人的生活也是一场持续不休的争斗——这可不是比喻与匮乏和无聊的抗争，而是实实在在地与他人拼争。无论在哪里，人们都会找到拼争的对手，争斗始终是没完没了，到死为止仍然武器在握。（《论生存的痛苦与虚无》）

生活是一场战斗，从某种意义上看，我们任何形式的胜利，都是踩在别人身上获得的。是选择做一个舍生忘死的战士，还是做一个向往和平的逃兵，并非我们自己能轻易左右，或许生活的本质就是不惜一切代价生存下去。

生活永不停息

我们生存的立足点除了不断消逝的现时以外，别无其他。这样，我们生存的形式从根本上就是持续的运动，我们总是梦寐以求的安宁是不可能的。我们的生存就像一个跑下山坡的人——要停下脚步就必然跌倒在地，也只有继续奔跑才可以平衡身体；或者，就像在手指头上保持平衡的木杆；再就是像行星——如果行星停止向前运动，就会撞入太阳之中。因此，运动不息就是生存的特征。

在这样一个没有任何形式的固定性的世界里，持续不变的状态是不可能的，万事万物都在不息地循环和变化。在这里，每个人都匆匆前行和奔驰，恰似不断迈步、做出动作以保持身体平衡的走钢索者。（《论生存的痛苦与虚无》）

生活永不停息，虽然有时必须慢下来品味得失，虽然有时需要回头看看自己走过的岁月，虽然前方的道路可能崎岖难行，但请不要失去前行的勇气。

让人成长的不是岁月，而是经历

生活是单调的，并由此产生许多乏味、无聊，所以，要不是我们总体的认识和思想在稳步加深，对所有事情及其相互关系的理解变得越来越清晰和透彻，那用不了几年时间，无聊、乏味就会达致令人难以忍受的地步。这既是人的成熟和经验结出的果实，同时，也是我们自身在不同的人生阶段遭受的变化所致——因为经此变化，我们就在某种程度上总是处于一个新的审视角度；从这新的角度观察，事物那仍不为我们所知的一面就呈现在我们的眼前，我们就好像看见了不一样的事物和现象。所以，尽管我们的精力在强度上衰减了，但我们仍然持续地“每天得到新的教诲”，同一样的东西不停地展现出不一样的和新奇的一面，生活也就有了一种不断更新、不断扩展范围的魅力。（《论哲学和智力》）

岁月一分一秒逝去，我们的年岁却一天一天增加，浑浑噩噩度日，直至老去，时间却好像依然停留在那充满激情活力的年代。与其蹉跎岁月，老来追悔莫及，不如把握现在，投入生活的怀抱。

不去体会五味人生，怎能明白生活的丰富？不去感受成功和失败，怎能知晓机会的宝贵？让人成长的并不是岁月，而是经历。

第二章

幸福源自内心

幸福是什么，不同的人有不同的答案。有人说幸福是满足，有人说幸福是爱情，也有人说幸福是财富、权力、鲜花、掌声……

叔本华告诉我们，幸福就是快乐，远离痛苦才能获得幸福。

幸福源自我们的内心，有时，幸福就是湖畔那一抹夕阳，只要用心体会，总能看到生活的美好。

生活不总是一帆风顺，其中的酸甜苦辣也只有经历过的人才能体会。回首人生，当初的酸楚竟也变成了甜蜜的回忆。

幸福其实并不遥远，只是我们总是瞻前顾后，却看不见那脚下的幸福。

当幸福来敲门

当愉快心情到来之时，我们应该敞开大门欢迎它的到来，因为它的到来永远不会不合时宜。但我们往往不是这样做：我们经常会犹豫不决地接受愉快的心情——我们想先弄清楚我们的高兴和满足是否确有根据。又或者，我们担心在严肃地盘算和认真地操劳之际，高兴的心情会打扰了我们。其实，这种做法是否真有好处仍是一个未知数。相比之下，高兴的心情直接就使我们获益。它才是幸福的现金，而其他别的都只是兑现幸福的支票。高兴的心情在人们感受高兴的此时此刻就直接给人以愉快。所以，对于我们的生存，它是一种无与伦比的恩物，因为我们生存的真实性就体现在此时此刻——它无法割裂地连接无尽的过去和将来。（《人的自身》）

有时幸福来得太突然，甚至都会令我们惊慌失措、不敢相信。其实幸福永远不会在不该来的时候到来，当幸福来敲门，请不要拒绝，敞开怀抱迎接它吧。

幸福源自内心

我们是否幸福多取决于我们自身，即取决于我们的个性。但在大多数情况下，我们却只是考虑运气、考虑拥有的财产，或者考虑我们在他人心目中的样子。其实，运气会有变好的时候，甚至如果我们内在丰富的话，我们就不会对运气有太多的要求。（《基本的划分》）

我们像寒冷的人渴望暖阳当空一样渴望着“幸福；

我们像干渴的人希冀天降甘霖一样希冀着“幸福”；

……

我们引颈而望，翘首以待，盼望着“幸福”的来临。我们忘记了，其实创造“幸福”的不是别人，而是我们自己；不是一时的幸运，而是惯常的心态。

幸福就在手中

只有在许多年以后，我们才会正确了解别人的、有时甚至是我们自己的行为。这在我们的生活当中是这样，在历史上也同样如此。通常，人的幸福处境犹如一些小树林：从远处看过去，这些小树林显得很美；但靠近距离或者走进树林中以后，原先的那种美感就消失了。我们置身于树林之中，却不知道那种美已经消失于何方了。我们经常羡慕别人的处境，原因就在这里。（《心理散论》）

我们经常羡慕别人的幸福，甚至我们偶尔会有成为某人的想法，幸福难道只是在别人那里才能找到吗？

别再环顾四周了，想一想我们自己的生活吧，确实有遗憾的地方，有不如意的时候，可是那些让我们快乐幸福的时刻又被我们丢到哪儿去了呢？

我们翘首以盼的幸福其实就在我们手中，别太在意别人的生活和想法，幸福离我们并不遥远。

角色与幸福

在舞台上，演员扮演各种各样的角色：仆人、士兵，或者王侯、将相。但是，这些角色之间的区别只是外在的、皮毛的，这些表面现象之下的内核是一样的；他们都不外乎是可怜、痛苦和烦恼的戏子。在现实生活当中情形也是一样的。各人拥有的不同地位和财富赋予了个人不同的角色，但各人的内在幸福并不会因外在角色的不同而产生对应的区别。（《基本的划分》）

社会生活中，每个人都扮演着不同的角色，有的人高高在上，有的人普通平凡，可是幸福并不会因为社会角色的不同而有对应的区别。

无论富裕还是贫穷，无论美丽还是丑陋，每个人都有自己的烦恼和快乐，每个人对幸福的理解也并不相同，幸福可以是酒池肉林，也可以是粗茶淡饭。当下一次我们再问起幸福是什么时，问问自己的内心吧。

虚荣是幸福的敌人

他们把自然的秩序本末倒置，别人的看法好像就是他们的存在的现实部分，而自己意识中的内容反倒成了自己存在的理念部分；他们把派生的和次要的东西看作首要的事情。他们在别人头脑中的形象比起自己的本质存在更令他们牵肠挂肚。这种把非直接为我们所存在的东西作为直接的存在来加以看重的愚蠢做法，人们称之为虚荣，以表示这种渴望、努力所具有的虚幻和空洞本质。同样，从上面的论述可以轻易看出：这种虚荣为了手段而忘记了目的，它和贪婪同属一类性质。（《人所展现的表象》）

人类生活中的虚荣浮华就像一条河流，一波未平，一波又起，不断逝去，又不断涌来。虚荣不仅蒙蔽了我们看清真相的双眼，也让我们离真实的幸福越来越远。

虚荣是幸福的敌人，它总是在我们最放松警惕的时候潜入我们的思想。生活需要的不是假象，不如放下面子，轻松过好每一天。

丰富内心生活

人们需要外在的活动是因为他们没有内在的活动。一旦他们有了内在的活动，那外在的活动就成了一种麻烦，很多时候的确就是某种可恨的骚扰和负担。此时，我们的愿望就是得到闲暇和享有外在的宁静。正是由于人们需要外在活动，所以，那些无事可做的人就会坐立不安，并对旅行有着盲目的狂热。正是他们的无聊迫使他们穿梭往来于国与国之间。（《心理散论》）

内心丰富的人不需要任何外在的东西，但需要与之相反的宁静和闲暇，发展和锻炼其理智的能力，即享受他的这种财富；简单地说，在他的整个一生中的每时每刻，他只需要表现他自己。（《人生智慧》）

心灵丰富的人从不会感到空虚和无聊，他们无须借助外在活动来打发时间，他们宁愿沉醉于自我，也不愿夜夜歌舞升平。一个人在桌边安静地看书，或者与爱人沐浴在阳光中散步，一切都可以很悠闲、很惬意，生活本也没必要时时刻刻围绕着浮华的社交场所。

诗意的生活，其实只需要同样诗意的内心。

完善自身方能幸福

每个人都要充分发挥自己的能力，努力做到最好。一个人越能够做到这一点，那他在自己的身上就越能够发现快乐的源泉，那他也就越幸福。亚里士多德无比正确地说过：幸福属于那些能够自得其乐的人。这是因为幸福和快乐的外在源泉，就其本质而言，都极其不确定，并且为时短暂和受制于偶然。因此，甚至在形势大好的情况下，它们仍然会轻易终结。的确，只要这些外在源泉不在我们的控制之下，那这种情形就是不可避免的。人到老年，几乎所有这些外在源泉都必然地干枯了，因为谈情说爱、戏谑玩笑、对旅行的兴趣、对马匹的喜好，以及应付社交的精力都舍我们而去了；甚至我们的朋友和亲人也被死亡从我们的身边一一带走。此时此刻，一个人的自身拥有，比起以往任何时候都更加重要，因为我们的自身拥有能够保持得更为长久。不过，无论在任何年龄阶段，一个人的自身拥有都是真正的和唯一持久的幸福源泉。（《人的自身》）

一个人愿意完善自身，有着丰富的自我，就像是在冰天雪地中拥有一间温暖明亮的小屋，岁月的更迭不会带走他的幸福，环境的变迁不会剥夺他的快乐。

坚如磐石的本性

一个人会忘记一切，绝对所有的一切，却不会忘记他的自我，他的本性。性格是绝对无法改正的，因为人的所有行事都出自一条内在的原则；根据这一条内在的原则，在相类似的处境之下，一个人只能永远做出同样的事情，而不可能是别的。（《建议和格言》）

纵使四季更替、世事变迁，人的本性却依旧坚如磐石，不为所动。想要改变与生俱来的性格十分困难，我们总渴望改变自我，其实改变了的只是心态。

生命的长河缓缓流淌，我们并非水面上展翅翱翔的鱼鹰，而只是漂泊其中的一叶叶木舟，也许我们需要做的只是在发挥所长之余顺其自然。

遵循个性发展

我们唯一能够做到的就是尽可能充分地利用我们既定的个性。因此，我们应该循着符合我们个性的方向，努力争取个性的发展，除此之外则一概避免。所以，我们必须选择与我们个性相配的地位、职业和生活方式。（《基本的划分》）

个性犹如我们出生时印在身上的标签，随着岁月更替，这个标签越来越清楚和鲜明。江山易改本性难移，我们的个性一经形成便不易改变。

一个生来内向沉默的人，也许更适合从事内省性的工作，而一个天生爽朗豪放的人，也许更适合从事外向性的职业。

遵循自己的个性发展更有利于扬长避短，并不是每个人都要成为苦心钻研的科学家或是叱咤风云的政治家，选择适合自己的职业和生活方式，享受自己创造的生活吧。

珍视自我价值

只有一件事他必须十分确信无疑，即，即使在即将揭开戈冈的面纱而见之必死的时候，他也不会发现他内心缺少任何价值。所以，如果想要他保持清醒，不受迷惑的话，让他在他的内心深处感到他自己的价值。因为，感到自己缺少这种价值，不仅是最大的，而且也是唯一的真正的痛楚。所有其他的心灵的创伤，靠对自己的价值不动摇的意识，不仅可以治愈，并且可以立即解除。确信自己的价值的人，能在痛苦中安详地坐下来，而如无此确信，则会使他陷入悲观失望之中；虽然他没有各种享受，没有欢乐，没有朋友，但他能相信他自己，依赖他自己。活生生地意识到这个优点，这给我们极大的安慰，宁要这一安慰，也不要一切其他尘世的幸福。与此相反，世界上任何东西都解救不了一个自知为毫无价值的人，他唯有设法用骗人的方法加以掩盖，或是用他的大嗓门为之辩护，但这两个权宜手段使用不久就会失灵的。（《争论的技艺》）

人就像是茫茫大海上破浪而行的扁舟，即使再孤独再渺小，也有自己独一无二的航线。哪怕我们失去了周身的一切，就在我们认为自己一无所有的时候，我们还拥有自己。远方依旧朦胧，浓重的雾气甚至让我们睁不开双眼，但自我价值是心中一盏不灭的灯，凭这一点点光亮，或许我们就能走出生活的迷雾。

学会独处

一个精神富有的人会首先寻求没有痛苦、没有烦恼的状态，追求宁静和闲暇，亦即争取得到一种安静、简朴和尽量不受骚扰的生活。因此，一旦对所谓的人有所了解，他就会选择避世隐居的生活；如果他具备深邃、远大的思想，他甚至会选择独处。因为一个人自身拥有越丰富，他对身外之物的需求也就越少，别人对他来说就越不重要。所以，一个人具备了卓越的精神思想就会不喜与人交往。（《人的自身》）

人是群居动物，我们需要融入生活中体验酸甜苦辣，在人来人往中定位自我；同样，我们也需要学会独处，一个人在静谧平和中享受那份悠然自得。

在纷繁复杂的尘世生活中，独处能让我们暂时摆脱人情世故的搅扰，回归一个人的世界。灵魂需要歇息，享受内心那一片宁静的绿荫，独处亦能变得充实。

学会反省

要过一种深思熟虑的生活，并且能从生活经验中汲取一切有益的教训，我们就必须勤于反省，经常回顾做过的事情和曾经有过的感觉和体验；此外，还要把我们以前对事情的判断和现在的看法，以前订下的计划及追求和最终得到的结果及满足互相比较。这是为获得人生经验所做的单独的反复温习。一个人的生活经历可被视为一本书的正文，对生活经历的咀嚼和认识则是对正文做出的解释。如果一个人有太多的反省和认识，生活经历却又很少，那就好比只有两行正文，注解却有四十行之多。如果一个人阅历很广，却对此甚少反省，获得的认识又不多，这样，就好比一种比邦迪那版丛书——里面没有注解，正文的许多意思都不甚了了。（《建议和格言》）

反省是一种为人的态度，它犹如清风一般拂去我们心灵的灰尘，犹如巧手一般理清我们思绪的乱麻。

“吾日三省吾身”（《论语》），汲取生活中的教训，留给精神一片净土，当我们下次面临考验时，便不会盲目行事。

拒绝平庸

他们的所思、所欲，正如他们的面相一样，是整个种属的所思、所欲；或者，至少是他们所隶属的阶级的所思、所欲。为此理由，他们庸俗、渺小，并以庞大的数目生存着。我们可以相当准确地预见到他们将要做出的事情和说出的话语。他们没有特别的标记，就像工厂大批生产的产品一样。（《心理散论》）

平庸可能没什么不好，也无可非难，但是如果可以变得更好，为何要拒绝呢？

上天赋予每个人生命，意义绝非仅限于生存和繁衍。我们无法决定自己的出生，但在生命的长河中，我们可以做出无数次选择，是选择碌碌无为，还是不断探索？

平凡是一种状态，而平庸其实是一种选择，拒绝平庸或许我们依旧平凡，但这是对生命的尊重。

沉默是金

我们必须把个人私事视为秘密。我们的相熟朋友无法亲眼看到的事情，我们尽量都不要让他们知道。这是因为随着时间和形势的变化，他们对我们那些最无可挑剔的事情的了解都会为我们带来不利。大致说来，我们更应该通过不曾说出口的话语，而不是经由说过的话来显示我们的见解。选择前者是聪明的，采用后者则是虚荣心使然。我们经常有做出这两种选择的机会，但我们通常为求得到瞬间的快意而选择后者，不惜舍弃前者所带给我们的永久的好处。（《建议和格言》）

沉默是一种境界，在人生纷乱时选择沉默静守是为了积蓄力量，在一帆风顺时选择谨言慎行是为了居安思危。

沉默是一门艺术，在浮华中需要寻找沉默，在沉默中选择静心思考。夸夸其谈总感觉华而不实，而沉默，是我们赐予自己的一剂良药。

培养独立精神

一切社会必然包括——作为其生存的首要条件——成员之间的互相适应和社会对其成员的制约。这意味着，社会的规模越大，越令人乏味。一个人唯有当他独自一人时，他才是他自己；倘若他不喜欢独处，那么，他必不热爱自由——因为只有当他孤独无依时，他才真正是自由的。在社会中，人们常常感到压抑和紧张，这种压抑感如同社会必然的附属品一样，使人无法摆脱。一个人的独立性越强，越难成为与他人交往关系的牺牲品。对于独居是欢迎、忍耐还是逃避，要依据一个人的个人价值大小来决定，当一个人独自一人时，可怜的人体验到的是他的全部不幸，而聪明人喜欢的是独居的高尚伟大；简言之，每个人都将成为他自己。（《劝诫与格言》）

人就像漫天繁星，那一簇簇星团的确壮观，黑暗中的孤星却更加耀眼。我们习惯了与人合作，在集体中才感觉安全，渐渐变得怯于独立。其实独立并非孤僻，小到个人，大到国家，唯有独立才可自主。生活中的许多例子告诉我们，一个人最终仰仗的还是自身的力量。

挖掘自己的潜力

我们并不知道自己承受痛苦和做出实事的潜力如何——除非有机会运用和发挥这些能力。例如，看着池塘里波平如镜的水，我们并不会想到它可以从岩石上咆哮着、翻滚着奔腾而下；或者，作为喷泉它能够上升至怎样的高度；我们也不会想到冰冻的水所能蕴涵的热量。（《心理散论》）

每个人的潜力都是无限的，大多数时候只是我们没有尝试去挖掘。我们习惯了平平淡淡的生活，甚至习惯了做一个平庸的人，似乎生活本该如此。

不，生活也许不该如此，我们可以活得更精彩些，我们没必要把自己像一幅褪色了的油画那样框起来。

去尝试不同的事情吧，没有谁会因此而受伤。试着挖掘自己的潜力，没必要一定要成为一个大器晚成的天才。探索自己，这本身不就很令人激动吗？

展现真实的自我

人又的确并非如实表现出自己，每个人其实都戴着一张面具和扮演一个角色。总的来说，我们全部的社会生活就是一出持续上演的喜剧。内涵丰富的人会觉得这些乏味、无趣，平庸之辈却乐此不疲。（《心理散论》）

生活就像个大剧场，其中鱼龙混杂、泥沙俱下，上演着一出出悲剧和喜剧，这可能就是人类的本性，用伪装来保护自己，用假面来取悦别人。

总有数不清的故事发生在我们周围，有些时候作为旁观者我们觉得可笑，有些时候作为当事人我们却又沉迷不醒。

累了吗？摘下面具吧，不一定非要众人皆醉我独醒，可当你的内心忍不住要呐喊时，选择展现真实的自我又有何妨？

不要过分谦虚

对于平庸的人来说，谦虚只是诚实而已；但对于具有非凡能力的人而言，谦虚却是一种虚伪。因此，后一种人如果坦然显现和不加修饰对自己出众能力的感觉和意识，那这种做法跟平庸之人表现出谦虚是同为诚实和合理的。（《心理散论》）

人们总说过分谦虚就是虚伪，的确，既然有真才实学，为何又要藏藏掖掖？

展现自我并不意味着张狂和傲慢。当需要我们表现时，不要因为羞涩而沉默；当需要我们上前时，不要因为谦虚而退缩。

不要矫揉造作

造作的行为总会引起别人的鄙视。首先是因为它造假和欺骗，这样，它就是懦弱的行径，因为欺骗源自于恐惧；其次，造作是我们对自己的某种自我谴责和贬低，因为我们试图显示出一副我们认为比自己更好、但我们其实又不是的样子。精心打扮，假装具有某种素质，其实就是承认自己并不具备这样的素质。不管一个人是冒充拥有勇气、机智、学问、智慧，抑或吹牛以显得情场得意、有钱、有地位或任何其他，我们都可以从这种假冒行为中得出结论：这个人正是在这一方面有所欠缺，因为如果我们真的拥有这方面的素质和长处，那我们并不会想到故意去显示、炫耀它——想到我们的这一份拥有，我们就已经心满意足了。（《建议和格言》）

人需要藏拙遮丑，但不应该冒充优越。矫揉造作其实就是不自信的表现，越是担心自己的缺点被发现，就越是要在众人面前精心装扮。

既然人无完人，不如从现在开始少一些做作，多一份真实，有时有点小缺点反而会更可爱。

良药苦口，忠言逆耳

一旦我们对于某一事情有了某一坚定的看法以后，对于这同样事情的新的意见和看法都会遭到我们的拒绝和否定——这是相当自然的。这是因为这些不同的意见有损我们到现在为止已经形成的一整套自成一体的信念，打扰了我们从自己的看法中获得的宁静；新的观点还要求我们重新思考，并宣告自己在此之前所作的思考和努力其实只不过是竹篮打水。据此，纠正我们错误的真理就好比是苦口之药，并且，像苦药那样，不会在服食的当下就显现其疗效，而只能是过了一段时间以后才发挥出效果。（《论哲学和智力》）

改变我们对人和事的成见很难，大部分时候我们宁愿坚持谬误，也不想让自尊心受到伤害，因此有的人甚至一辈子活在错误之中。

良药苦口利于病，忠言逆耳利于行。人活一世，其实能够得到智者的批评教诲也不失为一件幸事。

名不副实，无以服众

虚假的名声就是人为的炒作、不实的颂扬、一众好友和收受了贿赂的批评家的帮腔、上头的暗示和下面的约定，合谋共同作用的结果，是以大众缺乏判断力为前提条件。这种虚假的名声就像人们用充气水泡在水里浮起重物。这些充气水泡会在水中浮起这一重物或长或短的时间——这视乎这些水泡缝合得是否完好。但水泡里的空气终究慢慢漏走，重物也终将沉没。这也是所有不是依靠自身获取名气的作品终将遇到的命运。虚假的赞扬声逐渐减弱和消失了，从一开始就定下的谋约也寿终正寝了。识货者开始发现这一名声其实名实并不相符；随着这一名声的消失，换来的只是人们对其越发鄙视。（《论判断、批评和名声》）

不知从何时起，诚实变得越发奢侈，虚伪随处可见，为了名声或利益，人们宁愿自欺欺人也不想坦白真相。可名不副实便无以服众，谎言虽然并非总会不攻自破，但终究是无根的浮萍，终会因脆弱而败露。我们在为人处事时，多一点真诚，少一点虚伪，换来的可能不是金钱和地位，日后却能多一份安心和快乐。

付出才有回报

一个人在他没有多少能力胜任的领域，缺乏自信，永不愿冒风险，一方面，他甚至连如何利用他仅有的这一点能力都不去学习；另一方面，在一个他起码会取得一些成绩的地方，他根本不付出任何努力，所以也便没有任何快乐。这永远是很难令人忍受的。因为一个人对在为人类谋求幸福的任何工作中的完全失败，是绝不会不感到痛苦的。（《争论的技艺》）

有些人可以不劳而获，甚至可能活得快乐，却活不出价值。人生需要有所付出，辛勤付出后换来的可能依旧是失败和痛苦，但人生又怎能不经历这些呢？

付出的结果总令我们提心吊胆，其实过程才是真正的回报，因为这让我们学会了成长。

进步需要持之以恒

一个初学者虽然看过别人示范演奏一种乐器的指法动作，或者在击剑中所采用的招数和进攻的招式，但是，他仍然会在实际操作中马上出错，尽管他一心一意地想把动作做好。他就会认为：在快速阅谱的同时，或者在击剑正酣的时候，运用演奏或者击剑的技巧几无可能。但是，通过逐渐不断地演奏指法练习，经过多次的跌倒、站起的磨炼，他最终就能够掌握个中的巧妙。所以，如果脑筋笨拙的人要成为宫廷的弄臣，意气用事者养成圆滑世故的习惯，喜欢说话者管好自己的嘴巴，出身贵族者变得出言愤世嫉俗——要达到所有这些目的，除了刻苦练习，别无他途。但是，借助持之以恒的习惯练习所进行的自我训练总是一种来自于外在的约束；人的天性从来没有完全停止过对此的抗争，有时候，人的天性会出人意料地突破这种束缚。（《建议和格言》）

伟大，常常不是靠天分，而是靠坚持来成就。我们无法延续前一晚的梦境，却可以继续前一晚的“美好”。生活给了每个人同样的二十四小时，却也给了每个人不一样的二十四小时。通过持之以恒的练习，我们可以不断熟练某样技艺，也可以不断累积知识。

量力而行

有无数人若无其事地忍受着无数慢性的不幸，如残疾、贫困、出身低微、丑陋、居住条件不堪等；他们对于这些甚至无所感觉，好像伤口已结了疤似的。这只是因为这些人已明知这些情况由于内在和外在的必然性已没有改变的余地了，而较幸运的人们就不理解这些人怎么能够忍受这些不幸。无论是外在的还是内在的必然性，除了对于这些必然性的明确认识之外，再没有什么可以如此融洽地消除人们对它们的怨愤了。如果我们一劳永逸地既认识了我们的优良属性和长处，又认识了我们的缺点和短处，而以此为准绳来确定我们的目的，对于力所不能及的则处之以知足不强求的态度；那么，在我们个性可能的范围内，我们便由此而最稳妥地摆脱了一切苦难中最尖锐的痛苦——自己对自己的不满。这种痛苦是不认识自己的个性，是错误的臆测，和由此产生的不自量力的当然后果。（《作为意志和表象的世界》）

在这个时代，人生就像飞驰在高速的交通工具上，活得过于急迫似乎是我们的通病，罕有人停下脚步，平心静气地关照自身。从学生时代到步入工作，我们总是在忙于学习新知识、努力认识他人，其实认识自己又何尝不是一门重要的功课呢？

当我们能够全面认识自我，并且能够做到量力而行的时候，就不会产生对自我不满的痛苦了。

苦难让人成长

在我们生活的美好的日子，应该不忘我们陷于忧郁、沉闷、无所适从的困境，以教导我们如何正确地行动；当我们品尝欢乐时，这种忧郁、沉闷、无所适从的困境，应能教导我们谦虚谨慎。因为我们一般是根据我们最好的时机来评价我们自己的；我们软弱、沉闷、糊涂的时候，我们则视之为并非我们的本质部分。牢记那些困境与窘迫，将教导我们要谦逊、恭顺与容忍。（《争论的技艺》）

有暴风骤雨的无情，才有雨后彩虹的美丽。人总有春风得意的时候，但不要忘记，是曾经刻骨铭心的痛苦让如今的快乐更显珍贵。

人生最大的不幸就是没有经历过不幸。苦难让人成长，它不仅教会我们从容和坚强，更重要的是它赋予我们一个更真实完整的自己。

目光要长远

我们永应设法保持目光远大。如果纠缠于琐碎小事，我们将忙乱不堪，眼光短，见识浅。暂时的成功或失败，以及成败给人的印象如何，根本算不了什么。

学习了解自己和认清什么是自己首先想要的东西并非那么容易。所以，首先想要的是什么，乃是我们的幸福所必需的；然后下一个应是什么；占第三位与第四位的是什么，等等。

我们的生活，如果没有这种知识，便没有计划，就像一个船长没有指南针一样。（《争论的技艺》）

生活犹如行舟，有些人追求结果而奋力划行，最终却南辕北辙；有些人注重过程而随波逐流，最终却迷失方向。无论做出什么样的选择，都请先问问自己，我们的目的地在何方。

我们计较风高浪急，抬头才发现原来已经走偏了。想到才能做到，做到才能得到，有些时候不是我们做得不够好，只是我们想得不够全、看得不够远。

别做让自己后悔的事

愿望无法实现的苦痛与愧疚留下的苦痛相比，是不足道的：前者的前景是开放的、无可估量的将来时光，但后者面对的是无法挽回地成了既成事实的过去。（《心理散论》）

时光飞逝，有时我们必须不断向前冲，甚至连回头看一眼自己匆匆走过的路都成了奢望。可是，有些事情我们却永远无法忘怀，它们是留在我们心头的痛，怎么抹也抹不去。

请不要做让自己后悔的事，犯错不要紧，可明知故犯留下的往往不是那份肆无忌惮的骄傲，而是那种永远无法原谅自己的愧疚。

在岁月洗礼中绽放

谁要是检查一下自己就会发现：总是要等到一个相当成熟的年龄以后——有时是突如其来地——我们才能够正确或者清晰地认识许多很简单的事情及其中的关联。（《论教育》）

岁月如歌，有时让人感到淡淡的忧伤，总也不愿就那样轻易忘怀；有时又让人如醉如痴，那夕阳下的幸福似乎永远不会结束。

我们年轻时犯下的错，随着时间的流逝，渐渐不再那么令人讨厌，直到有一天我们终于顿悟：原来，这就是生活。

其实不用在乎过去的愚钝，不用在乎他人的误解，在岁月洗礼中静静绽放，相信生活会给我们回报。

生活需要勇气

对于我们的幸福，勇气是一种非常关键的、仅次于聪明睿智的素质……不管我们具备这两种素质的程度为何，通过决心和练习都可以增进它们。在这个“铁造的骰子决定一切”的世界，我们需要铁一般刚强的感觉意识，作为承受命运、防范他人的盔甲武器。这是因为人的一生就是一场战斗。我们所走的每一步都引起争斗……一个人如果看见天空——或者只是在地平线上——出现了阴云，就沮丧气馁、怨天尤人，那这个人就是胆怯、懦弱之辈。

就算是一件有危险的事情，只要它的结局仍然悬而未决，只要还存在得到一个更好结局的可能，那我们就不要胆怯、犹豫，而应该努力抗争，正如我们只要还看到一小片蓝色的天空，我们就不应对天气感到绝望一样。（《建议和格言》）

在这世上，我们越接近幸福，面临的阻碍可能也会越多，但别人或悲惨或幸福的故事已经告诉我们：不要因为挫折而气馁，不要因为困难而胆怯。

坚忍的意志和不屈的精神并非与生俱来，只有那些经历了一次次失败却依然敢于拼搏的人，才能在生活中获得不断抗争的勇气。

人生中的不幸

这种不幸直接呈现于我们。我们亲身感受到不幸，被强烈的欲望所感染，我们的意志四分五裂，这是一个孕育痛苦的过程。其结果是，意志逐渐暴虐起来，就像一切由情感欲望导致的情形一样。只有当意志回心转意、作出让步，换言之，恢复原状，那不断强化的暴虐方可终止。完全被这种心情控制的人，对于他从别人身上看到的任何成功，总是心怀妒忌，对其痛苦则冷漠无情。在与之相反的心情中，人的不幸只是作为熟知的事实呈现于我们，也就是说，是间接的。我们把关注的目光从自身挪开，转而投向他人的痛苦。正是从他人那里，我们逐渐了解了人的不幸，具有了同情心。这种心情导致了普遍的仁爱与慈善，所有的妒忌都化为乌有。当我们看到同类在遭受痛苦后体验喜悦和欣慰时，我们不再感到妒忌，而是与之同乐。（《论人的本性》）

当我们掉入命运的漩涡，似乎感觉所有的不幸都被我们碰到，久久无法摆脱。此时，若是一味执着于自身的痛苦，便很难再燃起生活的热情，他人的不幸更是变得无足轻重；一旦我们完成了自己内心艰难的旅程，当他人遭受痛苦，我们更能感同身受。

人生中的种种不幸——无论是我们自身的遭遇还是他人的痛苦——教会了我们勇敢面对苦难和珍惜眼前的幸福，那些不甘于命运、在生活中拼搏的人赢得的不该是同情，而是尊敬。

在痛苦和无聊之间摇摆的人生

我们既已在无知无识的自然界看到大自然的内在本质就是不断地追求、挣扎，无目标无休止地追求、挣扎；那么，在我们考察动物和人的时候，这就更明显地出现在我们眼前了。欲求和挣扎是人的全部本质，完全可以和不能解除的口渴相比拟。但是一切欲求的基地却是需要，缺陷也就是痛苦；所以，人从来就是痛苦的，由于他的本质就是落在痛苦的手心里的。如果相反，人因为他易于获得的满足随即消除了他的可欲之物而缺少了欲求的对象，那么，可怕的空虚和无聊就会袭击他，即是说人的存在和生存本身就会成为他不可忍受的重负。所以人生是在痛苦和无聊之间像钟摆一样地来回摆动着；事实上痛苦和无聊两者也就是人生的两种最后成分。下面这一事实很奇特地，也必然地道破这一点：在人们把一切痛苦和折磨都认为是地狱之后，给天堂留下来的除了闲着无聊之外就再也没有什么了。（《作为意志和表象的世界》）

没有人不渴望轰轰烈烈的爱情、蒸蒸日上的事业、幸福美满的家庭，然而大多数时候我们的生活都很平淡，甚至枯燥乏味。得不到时会痛苦，得到之后无所事事会无聊。我们的人生有时是一场美梦，梦醒后的痛苦和无聊却在所难免。

与陌生人对话

我们时常发现，有丰富经验的人在他们同毫不相识的陌生人的交谈中，是非常坦率诚恳的，虽然他对后者没有任何兴趣。其所以如此，因为有经验的人知道，无论人们处于哪种相互关系，他们几乎不可能是彼此坦诚相待的；但是，他们之间多多少少总有些张力，因为他们都关心他们自己的目前的或长远的利益。他们虽对此深为遗憾，却又明白事实就是如此；因此，他们离开自己熟悉的人们，仓促地投入一个完全陌生的怀抱，在欣慰的自信中，对他敞开他们的心扉。例如，和尚一类的人，他们已经放弃这个世界，而又是这世界的陌生人，于是成为这种可向其求教忠告的好人。（《争论的技艺》）

人就是这么矛盾和纠结：在最孤独和苦闷的日子里，需要的也许只是随便什么人的一句安慰；有些话不愿说给亲人和朋友，却可以向陌生人敞开心扉。

有时候，一个陌生人好像成为了那个最能理解我们的人，因为他不会要求什么，不会指责什么，只是静静地倾听一个故事，最终静静地离开，带走了埋藏在我们心中的酸楚和委屈。

青春，生命的黎明

一个人到青春期为止，对事情的看法和掌握的知识，就整体而言，要超过在以后所学到的东西，哪怕他以后会变得如何的博学多识；这是因为他早年获得的直观知识是人的一切知识的基础。

我们在青少年时代所获得的印象是那样充满意义，在生命中的黎明，呈现在我们眼前的每样事物都表现出理念性的东西，都被美化得焕然一新——这是因为个别的事物让我们首次了解到了这一个别事物的种类，而这一类事物对于我们仍然是新奇的。因此，每一个别事物也就代表了它的一类事物。（《论天才》）

青春就如同生命中的黎明，一切对于我们而言都是那样新奇和美妙，一幅幅崭新的画卷缓缓展开，我们甚至不用细细品味就已经陶醉其中。

我们青春时代对世界获得的印象就像天籁之音，即使岁月消逝，那点点音符依然回响在我们心中，抹也抹不去。且珍惜青春，因为生命的黎明虽然美好，但一不小心便会转瞬即逝。

留住我们的青春

只有极少数得天独厚的人，才可以终其一生保留少年时的思想特性，或者青春美。甚至到了高龄，这种思想特性或者年轻时的美貌风韵所留下的痕迹仍然清晰可辨。这些是真正的天才，或者真正俊美的人。（《论天才》）

在这世上，也许没有什么东西比青春再宝贵了，可惜青春却也是那般短暂易逝，有多少人还未细细品味，它便成了内心深处的一份记忆。谁要是能把这青春抓在手中，就如同手捧着黎明时第一滴清凉透亮的露珠，那世人苦苦追寻的美就在他眼前。

青春是美妙的，它代表着人类追求真理的渴望和永不妥协的精神。留住我们的青春，不要因为岁月的摧残而失去生活的斗志和追寻真善美的渴望。

生活与时间

我们个人生活的路线和事件，就其真正的含义和相互之间的关联而言，大致就像粗糙的镶嵌砖块组成的图案作品。当我们太过靠近这些图案时，我们无法辨认出这些图案展现的内容，也看不出它们的含义，更看不出它们的美之所在。只有与这些图案相隔一段的距离，上述东西才会一一显现。同样，在我们生活中的重要事件仍在发生或者刚发生不久，我们通常都不会明白它们相互之间的真正关联。只有在事过境迁的很长一段时间以后，我们才能做到这一点。

这到底是因为我们需要想象的放大镜作用，还是因为事情的整体只能相距很远的距离才可以让我们浏览一个大概？抑或必须在激情冷却下来以后，或者只有经验才会使我们的判断力成熟起来？或许是所有这些因素加在一起的原因吧。（《心理散论》）

在人生的当下，当局者总是不明所以，往往只有时过境迁、尘埃落定才会感叹，原来往昔是那样一副面貌。

记不住的欢乐与悲伤

欢乐和悲伤不是头脑的观念，而是意志的结果，所以，它们不属于记忆的范围。我们无法回忆欢乐和悲伤；我的意思是我们不可能重新体验过去的欢乐和悲伤。我们只能回忆伴随欢乐和悲伤的观念，尤其是那些诱使我们表达的事物，正是这些事物形成判断我们感觉的标准。因此，我们对欢乐和悲伤的记忆总是不完满的，而且一旦欢乐和悲伤过去，我们也就漠然置之了。这说明我们有时为回忆欢乐和悲伤而做的努力往往是徒劳无益的。欢乐和痛苦从本质上说是意志的产物，而意志不具有记忆的作用，它只是理智的一种功能；意志不断产生或表达的只是思想和观念。（《心理的观察》）

昨日的往事已经远去，留给我们的只有那些欢声笑语，任凭我们费尽心机，当初心中的那份欢快却恍如隔世，怎么也无法重新体验一番。

我们记得住一张张笑脸和一串串泪珠，却记不住那种欢乐与悲伤的感觉。记忆和时间抹去了乐与痛，也许只是为了让我们继续人生的冒险。

金钱并非万能

金钱是人的抽象中的幸福，那些再也没有能力享受具体幸福的人，就只有把一门心思放在金钱上面了。（《心理散论》）

总有些人以为有钱就能变得幸福，其实金钱只是一种抽象的幸福，它永远无法替代情感中的体验和精神上的享受。

如果一个人到头来成为金钱的奴仆，这是一件多么可悲的事啊！看看我们的周围吧，不是每个人都为了钱而活着。

为什么我们宁愿为了六便士而折腰，也不愿抬头仰望绚烂的星空？享受我们已经拥有的幸福吧，其实，快乐很简单。

距离产生美

记忆所产生的效果犹如针孔照相机里面的聚光镜——它把景物收进去，然后制造出一张比原物漂亮得多的图片。要想得到这种好处，让别人美化自己，方式之一就是尽量不要与人见面，因为虽然记忆需要很长时间才能完成它的美化工夫，但美化的工作马上就可以开始。据此，聪明的做法就是在间隔相当长一段时间以后再重新和我们的熟人或好友见面，因为在重新见到他们的时候，我们就可以注意到人们的记忆已经开始工作了。（《建议和格言》）

画家作画，总是不时停下，后退几步观察画作，为的是更好地把握物体的轮廓；诗人作诗，往往隔几日再拿出来回味推敲，为的是更好地传达文字的意蕴。

人与人之间也需要距离与空间，无论友人还是恋人，有时候看得太清、追得太紧反倒让双方都感觉不适。时间产生距离，而距离产生美。

举杯消愁愁更愁

轻微的醉酒常常可增强对过去时间和情景的回忆，这已被确认为是记忆的特性之一。这种增强如此之大，以至于对所有与过去有关事物的回忆比清醒状态时对往事的回忆要清晰得多。但是，另一方面，对于醉酒时的言谈举止的回忆却比平时更不完全；倘若醉得不省人事，则一切都无从回忆了。可以说，醉酒增强了对往事的回忆，却削弱了对当时发生的事情的记忆。（《心理的观察》）

曹操曾感叹："对酒当歌，人生几何？譬如朝露，去日苦多。"（《短歌行》）烦闷时小酌两杯，心头的忧愁若隐若现，从前的时光犹如幻影一般在眼前掠过。

举杯消愁愁更愁，有多少人情愿沉浸在这酒愁之中呢？那一杯杯喝下去的，到底是寂寞还是酸楚，大概只有饮者自知吧。

心灵的力量

人最为高尚、最丰富多彩的永恒的快乐是心灵的快乐。在这一点上，我们的青年时代则可能欺骗我们。心灵的快乐主要取决于心灵的力量。显然，我们的幸福在很大程度上取决于“我们是什么”，取决于我们的人格。而命运或命运所预先加给我们的东西一般只是意味着“我们有什么”，或我们的名誉。在这种意义上，命运是可以改变的。但如果我们在精神上不够富有，那么我们的命运就不会有多大改变，所以，直到生命的最后时刻，愚者依旧愚蠢，冥顽不灵者仍然冥顽不灵，甚至即使他们身边簇拥着众多的美女也是如此。（《人生智慧》）

幸福是什么？是有房、有车，尊享高位，事业有成？世俗对于幸福的定义虽内容有别，本质都一样。太多人达到了外人看来的“幸福标准”，却依旧感受不到它，依旧过得不快乐。叔本华认为幸福很大程度上取决于我们的人格，即“我们是什么”而不是“我们有什么”，那些我们在乎的物质、名誉，只是幸福的附属品而已。幸福要靠内心去感受，没有完满的人生，更没有十全十美的幸福。因此，心灵的力量不应被忽视。

生活需要压力

没有了大气的压力，我们的身体就会爆炸。同样，人生没有了匮乏、艰难、挫折和厌倦，人们的大胆、傲慢就会上升；就算它不会达到爆炸的程度，也会驱使人们做出无法无天的蠢事，甚至咆哮、发狂。无论何时，每个人都确实需要配备一定份额的操劳，或者担心，或者困苦，正如一艘船需要一定的压舱物才能走出一条笔直和稳定的航线一样。

匮乏、操劳、忧心固然是几乎所有人终其一生的命运，但如果人们所有的欲望还没有来得及出现就已经获得满足，那人们又将如何排遣自己的时间？（《论生存的痛苦与虚无》）

生活免不了斗争的痛苦，但真正可怕的是无聊。整日无所事事才会有人选择花天酒地，百无聊赖的人生和充满苦难的人生，哪个显得更可怜呢？

生活有压力，人才有奋斗的动力，不要再逃避我们应该担负的责任了，勇敢地面对生活之痛苦，否则剩下的也只有无聊之痛苦。

真理在我们心中

在你自身中辨认真理，在真理中认识你自己；与此同时，你将惊奇地发现，你长期徒劳地寻找的终点，萦绕在你最炽热梦境中的终点，完完全全就在那里了，它的一切都是真实的，就在你站立的那个地方。在那里，你的天堂触及了尘世。（《争论的技艺》）

越有智慧的人越不需要求助于外界，因为他们自身就拥有取之不尽的精神宝藏。真理往往掌握在少数人手中，这或许是因为我们总向外看而忘记了向内看。

我们渴望得到智者的指引，于是盲目跟随他人的步伐却身陷迷途，待到一切归于平静，我们才恍然大悟，原来自己就是自己的引路人，那遥不可及的真理早已存在于我们心中。

第三章

人到无求品自高

命运不会总眷顾我们，很多时候运气只差那么一点，我们却无能为力。可那填也填不满的欲望之海并不会因此就消失，得不到时我们依旧痛苦，得到了又感到无聊。

无论对自己还是对别人，越高的期望往往带来越多的失望，学会知足或许生活会更轻松。

人生之所以痛苦，并非因为努力换不来结果，而是那换来的，除了胜利后的满足，还有更大的欲望。

与其患得患失、纠结于命运的不公，不如放下心中的包袱，静心聆听叔本华的人生智慧吧。

知足者常乐

如果交到好运，我们的期望的压缩机就会把期望膨胀起来，我们在这过程中就感受到了快乐。但是，这一欢乐并不会维持太久。当整个过程全部完成以后，那扩大了的要求范围已经被我们习以为常了；并且，与新的要求相比较，我们就会对目前的拥有不以为然了。

我们之所以感到不满，原因就在于我们不断试图提高我们的要求，但同时，其他妨碍我们成功的因素却保持不变。（《人所拥有的财产》）

正如海水喝得越多，就越感到口渴。人对财富、地位、名声这些外在事物越是抱有强烈的欲求，就越容易感到不满，从而也就在更大程度上被欲望所吞噬。

知足者常乐。生活犹如呼吸，其中的奥秘在于学会不断吸气的同时，也要深谙呼气的艺术。

拒绝冷漠

人们变得铁石心肠，是因为这样一个事实：每个人自己都要承受够多的烦恼，或者自认为是这样。所以，某种非同寻常的幸福状态会使人变得慈善、富于同情心。持续、不变的幸福状态却往往产生出与此相反的效果，因为这种状态使人远离痛苦，以致人们再也无法对痛苦感同身受了。这就是穷人何以有时比富人更加乐意助人的原因。（《心理散论》）

过分关注自身的人，如同给自己画了一个隐形的牢笼。这牢笼往往使他们无暇顾及他人，总以为他人都幸福圆满，唯独自己的生活充满不幸。而事实的真相是，他们常常忘记了自己的幸运，就像守着满园的果子，并不知道外面的人其实正饥肠辘辘。

冷漠的本质就是过于以自我为中心，其实周围有很多人的生活并不容易。无论你是否富有，无论你是否幸福，在需要时请伸出援手——人最大的满足就是给别人以满足。

远离忧郁，快乐生活

病态性忧郁的折磨人之处不仅在于它使我们对现在的一切怀有一种没有来由的恼怒和不快，为将来某一杜撰的不幸而毫无根据地担忧，而且还在于它让我们莫须有地指责自己过去的行为。

病态性忧郁造成的直接后果就是每时每刻地考虑或者寻找那些会引起我们愤怒和不安的事情。其中的原因就是一种内在的不满，通常再加上发自脾性气质的一种内在不安。如果这两者达到最厉害的程度，那就会导致自杀。（《心理散论》）

我们时常感到生活百无聊赖，无缘无故地自怜自艾，似乎没有什么人和物再值得我们去关注，似乎做任何事都会让我们感到无助和气馁。忧郁就是这么悄无声息地钻入我们的生活，它会突然像一堵灰色的高墙阻碍我们前行。

极端忧郁的后果不言而喻，倘若我们已经意识到危险，不如想开些吧，试着远离忧郁，最重要的是快乐过好每一天。

克制愤怒，平心静气

愤怒，很快就会造成一种假象，那是由愤怒的理由被出奇地歪曲和夸大了所致。而这种假象本身又加剧了愤怒，加剧了的愤怒又再度夸大了这一假象。这种互相作用持续加剧，直至形成贺拉斯所说的“霎时的暴怒”。为防范这一点，性子急和暴躁的人在刚感觉到不愉快的时候就应马上尝试强迫自己暂时把这件事情抛诸脑后；因为过了一小时以后，当他们回到这一问题时，事情早已不再显得那样可怕，甚至会显得毫不重要了。（《心理散论》）

愤怒是幸福的敌人，它摧残心智，破坏情感。因为一时冲动而产生的愤怒就像可怕的山洪，在它的冲击下，理性的堤坝溃不成军，最终酿成大祸。

每个人都有情绪不稳定的时候，当我们感到很不愉快时应该试着克制愤怒，因为大部分情况下愤怒并不能解决问题。让自己平静下来，也许一切就会迎刃而解。

消除憎恨，克己慎行

憎恨是心的行为，而鄙视则是头脑的事情。这两者都不在我们的控制之下：一个人的心是无法改变的，他受着动机的驱动；头脑则根据不变的定律和客观的材料作出判断。“我”只是心和脑的连接而已。

为了我们自身的安宁和安全，我们可以通过体谅和容忍来避免激怒我们鄙视的对象，因为每个人都可以做出危害他人的行为。一旦这种纯粹、冷静和发自内心的鄙视表现了出来，那就会换来对方的极度憎恨，因为受到鄙视的人并没有能力以同样的武器作出还击。（《心理散论》）

憎恨由心而生，鄙视因人而起。与人相处势必容易产生摩擦和矛盾，有些时候，对他人的不解和厌烦随着冲突的升级，最终会转变为憎恨和鄙视。

其实人与人之间没有什么矛盾是不可能解决的，重要的是在矛盾升级之前我们需要适当的宽容和谅解。并不是每次冲突我们都必须成为那个获胜者，克己慎行，退一步也能海阔天空。

控制情绪，还原自我

引起我们某种不快情绪的事情，无论多么微不足道，都会在我们的脑海里留下某种后果；只要这种后果仍然存在，它就会妨碍我们客观和清晰地理解事情。它甚至使我们所有的想法都沾上了颜色。这种情形和放置在接近眼前的很小物体会限制和歪曲了我们的视野是一样的道理。（《心理散论》）

生活中有些人总因为一点小事就怏怏不乐或者大发雷霆，他们在情绪起伏波动时并不能看清事情的真相，平日里恪守的为人处世的准则也被抛诸脑后。

也许我们无法做到“不以物喜，不以己悲”，但请不要在情绪的海洋中迷失自我，即使情绪牢牢地抓住了我们，也试着用平常心来理解和判断正在发生的事情。

从容理智，深思熟虑

> 理智机能，也配得上称作告知。它把将来发生的情形，亦即我们现在的行为将要发挥的作用和导致的结果显示给我们。当性欲、暴怒、贪婪引诱我们做出将来会后悔莫及的事情的时候，理智正是通过这一作用方式，使我们得以控制住自己。（《心理散论》）

如果说我们的情感就像一匹奔腾的野马，那么我们的理智就像是束缚着它的缰绳。当事情的发展越来越不受我们掌控，我们的理智往往会告诉我们最妥当的处理方法。

有时候人需要放纵自己、跟随心声，而更多的时候我们需要从容理智、深思熟虑。一匹不羁的野马看上去的确潇洒奔放，可如果不及时加以束缚，等待着它的只有未知和危险。

简单生活

我们的视线、活动和接触的范围越狭窄，我们就越幸福；范围越大，我们感受到的焦虑或者担忧就越多。我们生活的关系应该尽可能地简单。单调的生活，只要不至于产生无聊，都会有助于增进我们的幸福。因为这样，我们就更少地感觉到生活，并因此更少地感觉到生活的重负，而重负本来就是生活的本质。这样，生活就像一条波澜不惊的小溪，静静流淌。（《建议和格言》）

生活就像耕种，我们撒下多少种子，并不总能收获多少果实，有时候收获的反而是烦恼与灾难。简单生活不是封闭自我，专心致力于对自己真正有益的事情，反倒能更从容地面对世事。

人就像是海绵，不要让过多的人和事挤掉我们有限的精力，有张有弛，有舍才能有得。

不以物喜，不以己悲

所有的愤怒都是俗；所有的纵情狂欢、所有的仇恨和恐惧，一句话，每一种情绪，亦即每一意欲的活动，当它变得那样强烈，以致在我们的意识里远远地压倒了认识力，使我们变得更像是一个意欲着的生物，而不是一个认识着的人——在这时候，我们就都是俗。一旦屈从于诸如此类的情绪活动，哪怕是最伟大的认识天才也会变成一个最普通的凡俗之人。相比之下，谁要是希望变得超凡脱俗，亦即伟大，那他就绝不能允许意欲占据优势的活动完全占据他的意识，哪怕他受到极大的诱惑要这样做。例如，他必须察觉到别人对自己憎恨、仇视的态度，但又能够不为所动。确实没有比这一迹象更能确切无误地显示出一个人的伟大：对任何敌对的、侮辱性的话语都能够无动于衷，只是把这些东西，正如其他无数的错误一样，归之于说话者肤浅的认识力；因此也就是察觉到这些东西，却丝毫不受影响。（《心理散论》）

《孟子·尽心上》中云："士穷不失义，达不离道。"人生的最高境界或许就在此，无论成功还是失败，无论面对怎样的艰难险阻，都能淡然处之，不以物喜，不以己悲。

我生待明日，万事成蹉跎

我们应该永远记住今天只有一次，它永远不会再来。但是在我们的想象里，今天又将在明天重现。其实，明天已是另外的一天，它也只来一次。我们忘记了每一天的日子都是生命中不可缺少的、因此也是无可替代的一个组成部分。

我们面带愁容，许多欢乐愉快的时光未加品尝和咀嚼就过去了，直到以后日子变得艰难和令人沮丧的时候，我们才徒劳地为逝去了的好日子而叹息。我们不能这样做。我们应该珍惜每一刻可以忍受的现在，包括最平凡无奇的、我们无动于衷地听任其逝去的、甚至迫不及待地要打发掉的日子。我们应该时刻记住：此刻时光匆匆消逝化作神奇的往昔，从此以后，它就存留在我们的记忆里，照射出不朽之光芒。在将来，尤其到了糟糕恶劣的日子，我们的记忆就会拉起帷幕：此刻时光已经变成了我们内心眷恋和思念的对象。（《建议和格言》）

我们总认为既然今天过去了还有明天，那今天不想做的事情不如就留给明天去做，可明日复明日，明日何其多。

珍惜今天的时光吧，即使这一天你并不会快乐，但这是你生命中独一无二的一天。

活在当下

人生智慧的重要一点就是在关注现在和计划将来这两者之间达致恰到好处的平衡，这样，现在与将来才不至于互相干扰。许多人太过沉迷于现在，这些是无忧无虑、漫不经心的人；也有的人更多地活在将来，他们则是谨小慎微、忧心忡忡的杞人。人们很少能够在现在和将来两者当中把握一个恰到好处的尺度。

只有现时才是真正的和现实的。现时的时间包含现实的内容，我们的存在唯独就在这一时间中。因此，我们应该愉快地迎接现在此刻，从而有意识地享受每一可忍受的、没有直接烦恼和痛苦的短暂时光，也就是说，不要由于在过去我们的希望落空现在就变得忧郁寡欢，或者为了将来操心伤神以致败坏现时。（《建议和格言》）

珍贵的时光从瞻前顾后的人身边悄悄溜走，空余下遗憾。过去的已经过去，该来的总会到来，生活之所以珍贵，是因为此刻我们还可以享受生活。活在当下，便是对自己的人生负责。

不要杞人忧天

我们只能为那些肯定会发生的灾祸忧心——这些灾祸发生的时间甚至确定无疑的了。但是，属于这一类的灾祸少之又少，因为将来的灾祸要么充其量极有可能发生，要么就是肯定会发生，但是，灾祸到来的时间却是全然不确定的。如果我们听任自己受制于这两种灾害，那么，我们就永无片刻安宁了。为保证我们生活的安宁免遭并不肯定发生、或者发生的时间并不明确的灾祸的剥夺，我们必须养成习惯，把这两类灾祸的前者视为永远不会发生，后者则肯定不会在很短时间内发生。（《建议和格言》）

对未知事物的恐惧是潜藏在人类内心深处的本能，当这种恐惧成为头脑的主宰，便显得滑稽可笑。恰如杞人忧天的人，仰望星空时无视浩瀚宇宙的壮丽，而是担心某日天塌下来该如何是好，从此为了此事坐立不安、精神恍惚，他人相劝也无济于事。

我们无法准确预测未来的灾祸何时何地会发生在自己身上，又何必要搞得自己在惶恐中度日呢？

不要太自私

只有那些通过自己的劳动——不管只是实际性的工作抑或理论性的作品——追求纯粹客观的目的，而不是谋取个人利益的人，才是伟大的。哪怕在现实生活中这一目的受到了人们的误解，哪怕这一目的因此而变成了一种过错或者罪行，这种人仍然是伟大的。他并没有谋取自身的利益——就凭这一点，那他无论在何种情况下都是伟大的了。相比之下，所有指向个人目的的行为和努力都是渺小的，因为受这一目的驱使而活动起来的人只在微不足道和匆匆即逝的自身认出和发现自己。（《论天才》）

现代社会中，事事为己已然不可取，人们更乐意分享与合作。无论大事小事，有时我们不能总是考虑自己的利益，舍己为人也许略显困难，但请不要太自私，真正的快乐源于分享和互助。

不要贪财

很多有钱人感觉并不快乐，因为这些不快乐的有钱人缺乏真正的精神思想的熏陶，没有见识，也因此缺乏对事物的客观兴趣——而只有这些才可以使他们具备从事精神活动的能力。

财富除了能满足人的真正、自然的需求以外，对于我们是否能获得真正的幸福没有多大影响。相反，为了保管好巨大的财产，我们会有许多不可避免的操劳，这打扰了我们舒适悠闲的生活。（《基本的划分》）

金钱有时能带给我们安全感，可是并非有钱就能幸福。追逐财富有如寒冬腊月将手伸向篝火，适度则温暖身体，过度则引火上身。

生活中有太多的事例已经告诉我们，对于财富的过度贪婪可以毁灭一个人。有些时候，我们所欠缺的只是适可而止。

不要贪图享乐

在我们没有痛苦的时候，蠢蠢欲动的欲望就向我们展示出种种并不存在的快乐、享受的幻象；这些镜中花、水中月诱惑我们对其亦步亦趋。这样，我们就招来了毋庸置疑、真实存在的痛苦。到了那个时候，我们就会痛惜业已失去了的无痛苦状态——它犹如我们轻率地就放弃了的天堂，我们只能徒生悲叹，希望一切都不曾发生，宁愿一切都可以从头再来。我们好像总是受到一个邪恶魔鬼的诱惑，它用欲望的幻象引导我们舍弃没有痛苦的状态。其实，没有痛苦的状态才是真正的、最大的幸福。（《建议和格言》）

快乐有时是一个美丽的陷阱，它吸引无数人趋之若鹜，最终却露出狰狞的面相。不要因为贪图享乐而忘记我们本该履行的责任和义务，快乐并非无价，有的快乐只是错觉，有的快乐则是毒药。

不可说谎

在这世上只有一种会说谎的生物，那就是人类。其他种类的生物都是真实、真诚的——它们都坦白、公开地展现出自己的本质，表露自己喜怒哀乐的感觉。能够表达出这种根本差别的象征性或者比喻性说法就是：所有的动物都以其天然形态出现，而这一点使我们在看见它们的时候能够获得一个愉快的印象。看着这些动物，尤其正当它们自由自在的时候，我们的心都飞到它们那里去了。（《心理散论》）

谎言有时可以帮我们渡过难关，有时能保护我们所爱之人，可谎言终究是对人的一种欺骗，甚至一个善意的谎言都有可能葬送人与人之间建立良久的信任。

有一种谎言叫作自欺欺人，我们冠冕堂皇地找出各种理由掩盖自己的过错，让自己显得不那么可怜，殊不知，欺骗自己才是最可悲的事情。

对人不要抱有成见

在判断他人时，我们经常出错——这并不每次完全是我们的判断力的罪过……从一开始，在不知不觉之中我们就会由于琐碎不足道的小事对别人产生了先入为主的喜好或者反感。另外，经常也有这一方面的原因：我们并不会只停留在我们所确实发现的别人的素质上面，而是从这些素质推断出其他的素质——这两者，我们认为，要么紧密相连，要么互相排斥。例如，看到别人的慷慨大方我们推断出正义，从虔诚推断出诚实，从说谎推断出欺骗，从欺骗推断出偷窃，等等。这种做法就为许许多多判断上的错误敞开了大门，一方面是因为人的性格是千奇百怪的，另一方面是因为我们的观点失之片面。虽然我们的性格是连贯和始终如一的，但由于人的总体素质根源埋藏太深，我们并没有能力仅靠一些零星素材就可以断定哪些素质能够在某一情况下共存，哪些却不可以。（《心理散论》）

人并非上天的完美造物，为何有时我们要抓住他人的一个缺点不放呢？人就像一个多棱镜，其中一面并不能反映出全部。

很多时候，仅仅是因为我们的成见，就可能错失一位良友或者误解一片真心，如果换位来想想，我们不也希望别人了解一个更真实更全面的自己吗？

优点与缺点

每一个人的完美优点都与其某一缺点相关联——这一缺点是因这一优点太过所致。反过来说，每一缺点又与某一优点相关。所以，我们对人的看法出现差错经常就是因为在与我们刚认识的人打交道时，我们会把他的缺点和与这些缺点相连的优点互相混淆，或者反过来。

具有闪亮和伟大的素质的人并不介意承认自己身上的缺点和不足，或者让别人看见这些东西。他们觉得自己已经偿还了因为这些缺陷而欠下的债务；他们甚至会认为：他们其实为这些不足争了光，而不是这些缺陷真会贬低了他们自己。

相比之下，某些享有清白的名声和拥有一副无可指责的头脑的人却从来不会承认自己哪怕是一丁点的不足。他们小心翼翼地想尽办法把它们遮掩起来，对任何关于这些不足的暗示都相当敏感。这是因为这些人的全部优点就在于没有缺点，因此，一旦他们暴露出了某种缺点，他们的这一可取之处就马上被打了折扣。（《伦理道德散论》）

人的优点不会因为缺点而被掩盖，也许这就是“人”，一撇一捺，有长有短。

降低对生活的要求

我们要提醒自己不要向生活提出太多的要求，因为如果这样做，我们幸福所依靠的基础就变得太广大了。依靠如此广大的基础才可以建立起来的幸福是很容易倒塌的，因为遭遇变故的机会增多了，而变故无时不在发生。在基础方面，我们幸福的建筑物与楼房建筑物正好相反，后者因其广大的基础而变得牢固。因此，避免重大祸害的最有效途径就是根据我们的能力、条件，尽可能地降低我们对生活的要求。（《建议和格言》）

也许因为现实所迫，我们不得不降低对生活的要求。可我们细细想想便能领悟到，建筑在过多物质之上的幸福好比空中楼阁；生活面前，容不得一丝傲慢与不屑，只有脚踏实地活在当下，我们才不会被物欲的洪流所击垮。

珍惜已经拥有的

当我们看到某样东西时，很轻易就会产生这一念头："呀，如果我能拥有它就好了！"我们由此感觉到了有所欠缺。其实，我们更应该经常这样想："呀，如果我失去了某样东西，那将是怎样的情形？"——我的意思是：有时候我们不妨想象一下在失去我们所拥有的某样东西时，我们将会怎样看待那失去之物。确实，对我们拥有的东西，都应作如是观：无论是财产、健康、朋友、妻子、孩子，抑或马匹、爱犬等。因为，在大多数情况下，只有在失去了某物以后，我们才会知道它的价值。（《建议和格言》）

从现在开始，珍惜你已经拥有的，无论是你的财富还是你的健康，无论是你的亲人还是你的朋友，不要去挂念那些你没有得到的，也许你会感受到久违的心满意足。

得不到我们想要的会让我们心烦，失去我们曾经拥有的会让我们心碎，不要等到木已成舟时才后悔莫及。

学会宽容

谁要是生活在人群当中，那他就绝对不应该拒绝和谴责任何人——只要这个人是大自然安排和产生的作品，哪怕这个人是一个最卑劣、最可笑的人。

要在人群当中生存，我们就必须容许别人以既定的自身个性存在，不管这种个性是什么。我们关心的只是如何使一个人以本性的内容和特质所允许的方式发挥他的本性，既不应该希望改变也不可以干脆谴责别人的本性。这就是“生活，也让别人生活”这条格言的含义。

我们应让自己习惯于这样的看法：别人拂逆我们的心意，妨碍我们的行动，但他们这样做完全是出于一种严格的、发自他们本性的必然性，这与物体活动所根据的必然性一般无异。所以，针对别人的行为动怒就跟向一块我们前进路上的石头大发脾气同等的愚蠢。对于许多人，我们最聪明的想法就是：“我不准备改变他们，我要利用他们。”（《建议和格言》）

海纳百川，有容乃大。宽容别人，就是宽容我们自己。工作中少一次矛盾，我们就能多一份从容；亲人间少一次争执，我们就能多一份快乐。

宽恕是一座桥，桥两岸的人都渴盼和解后的轻松与喜悦。放下我们的骄傲与面子，被宽恕者收获的是理解，宽恕者收获的则是平和。

学会舍得

我们应该给我们的愿望规定一个限度，节制我们的欲望，控制我们的愤怒，时刻牢记着这一事实：在这世上有着许多令人羡慕的东西，但我们只能得到其中微乎其微的一小部分，相比之下，许许多多的祸患却必然地降临在我们的头上。换句话说，“放弃和忍受”就是我们的准则。如果不奉行这一准则，我们就会感到贫乏和可怜，对此就算拥有多少财富和多高权位也无能为力。（《建议和格言》）

有舍才能有得，欲望无时无刻不在纠缠着芸芸众生，人们需要学会的是“放弃和忍受”。生活的法则要求我们必须舍得，生活的秘诀教导我们学会舍得，而生活的艺术引领我们品味舍得。

杜绝虚荣心

别人所说的话马上就让他们联想到自己，别人无意中说的一句话，只要稍微涉及他们个人自身，就能吸引他们的全部注意和占据他们的全副精神；他们也就再没有剩余精力去理解谈话的客体方面的内容。同样，推理、辩论一旦与他们的利益和虚荣心相抵触，那就再不会产生任何效果。因此，这些人的注意力容易分散，他们轻易就会觉得受到了别人的侮辱和伤害。

虽然他们对于别人谈话中的真知灼见、妙语警句和优美细腻之处一无所觉和一无所知，但对于一切会伤及他们脆弱虚荣心的话语——虽然那只是相当间接地、甚至两者几乎拉不上关联——和一切能够显示出他们所珍视的自我的不良一面的谈论，他们却极度敏感。他们敏感和容易受伤的样子，活生生就像我们一不小心轻踩了脚爪的小狗。（《建议和格言》）

虚荣心就像一个戴着假面的魔鬼，它剥夺了人们平日的主见，掩盖了事情原本的真相。所有的虚荣都是浮云，终会散去，留给我们的只有冰冷的现实和内心的自嘲。

消除偏见

爱和恨完全歪曲了我们的判断。在我们敌人的身上，我们看见的除了缺点以外，别无其他。但对于我们喜爱的人，我们看到的只是优点和长处，甚至他们的缺陷在我们的眼里也是可爱的。我们享有的优势，不管这优势是什么，也会对我们的判断产生类似的秘密影响：与这些优势相一致的东西马上就变得公平、正义和合乎理智；与此相抵触的一切，无论我们如何严肃、认真地审视它们，都仍然显得有违公正、令人讨厌，或者不明智和荒唐。

一旦我们有了一个既定的假设以后，对于能够证实这一既定假设的一切东西我们都会有猞猁一样的锐利眼睛；但对于与这一假设互相矛盾的东西，我们却熟视无睹。凡是与我们的政党、我们的计划、我们的愿望、我们的希望相对立的东西，我们经常都根本不能明白和理解——这些对于其他人来说却是最清楚不过的事情；对上述有利的一切，从老远就会跳进我们的眼睛。有违于心的事情不会获得头的首肯。（《论意欲在自我意识中的主导地位》）

众人看到的是自豪，心存偏见者看到的是傲慢；众人听到的是赞扬，心存偏见者听到的是嫉妒。偏见比无知更远离真理，正如钱锺书在《写在人生边上》中所言："偏见可以说是思想的放假。它是没有思想的人的家常日用，而是有思想的人的星期日娱乐。"

人无完人

我们每一个人都不应自夸和傲慢。每一个人，甚至是最伟大的思想天才，在某一知识领域里也显示出明显的局限——以此他也就宣布了自己与那本质上思想颠倒、荒谬的人类有着血脉之缘。同样，每个人的内在都有着某些相当恶劣的道德成分，甚至某个有着最好和的确最高贵性格的人也会在某些时候以其个人的不良特性使我们大吃一惊。这样一个人就好比以此方式承认了他与人类的渊源，因为人类有着程度不一的卑鄙、下流，甚至残忍。也正因为这人带有这样的劣性——这是一条罪恶的原则所使然——他才不可避免地成为人类的一分子。（《伦理道德散论》）

人非尧舜，谁能尽善？我们因为不完美而犯错，因为视野局限而显得无知，所以，我们才愿意不断完善自我。也许天才只是在成功的路上比常人更少犯错。

随遇而安，顺其自然

每一个人在其一生中由始至终都在争取得到一种臆想的、却甚少得到的幸福，真能获得这样的幸福的话，那他只会尝到幻灭、失望的滋味。一般来说，人们最终抵达港湾的时候，船体已是千疮百孔，桅杆、风帆都已消失无踪了。不过，既然生活只是由转瞬即逝的现时此刻所构成，现在生活又即将完结，这个人到底曾经是幸福的抑或不幸的都已经无所谓了。

由于在过去错失机会获得某一幸福或者享受某一快乐而后悔和悲哀，这是多么愚蠢的事情啊！因为这些幸福或者享受到现在还能剩下些什么呢？只是某种干瘪的记忆罢了。（《论生存的痛苦与虚无》）

是否总感觉很多时候事与愿违而我们却无能为力？是否感觉幸福总是离我们很近却又擦肩而过？人生并非一帆风顺，我们有时候应学会随遇而安、顺其自然。

蒲公英的种子渴望随风飘散，但最终仍会落地生根、四处为家，有多少人能领悟其中的真谛呢？

至简者至美

这里请容许我附带地插入一个有关语文艺术的比喻，即是说少穿衣服或完全不穿衣服最有利于欣赏美的身段。所以一个很美的人，如果他既有审美的趣味，又可按趣味而行事的话，他最喜欢的就会是少穿衣服，最好是几乎全裸着身子过日子，仅仅和希腊人一样穿那么一点衣服。与此相同，每一个心灵优美而思想丰富的人，在他一有任何可能就争取把自己的思想传达于别人，以便由此而减轻他在此尘世中必然要感到的寂寞时，也会经常只用最自然的、最不兜圈子的、最简易的方式来表达自己的思想。（《作为意志和表象的世界》）

我们常常为了实现美，千方百计地涂画和装饰，却忘记了，最简单的事物也许反而最美。

我们常常为了表达爱，想方设法地修饰和夸张，却忘记了，最直接的诉说也许更加感人。

去除不必要的冗余和累赘吧，至简者至美。

生活的谎言

追逐名利，饮酒狂欢，生活奢侈，所有这些都是通往幸福之路的最大障碍。虽然它们会改变我们悲惨的生活，使我们享受到种种乐趣、欢快和愉悦，但是，这也同样是一个危险的过程——一个不可能不导致失望和幻想的过程；在这方面，不断变幻的谎言同样是不可避免的附属物。（《劝诫与格言》）

为了所谓的成功，为了成为人上人，有多少人在明争暗斗或醉生梦死中度日！甚至一切业已终结，很多人还是糊里糊涂，不明白自己抓得这么紧，为何依旧两手空空。

生活的谎言一戳即破，我们所有的努力都是为了满足内心的欲望，只是很多人不愿相信这欲望其实永无止境。

生活因人而异

人最直接理解的是自己的观念、感觉以及意志，外部世界只能够在与生活有关的那些方面对人们产生影响，人们是按照自己所看到的方式来塑造生活的。所以，对不同的人它就表现出不同的色调，对于一些人来说，它贫瘠荒芜、枯燥乏味、浅薄空洞；对于另一些人来说，它丰厚富实、趣味横生、意味深长。很多人听到别人经历了一些令人快慰的事情后，也期待着在自己的生活中发生同样的事情，而忽视了他们更应妒忌的是那种精神能力。当人们描绘一些令人愉快的事件时，这种能力便会赋予这些事件以独特的意义，对于天才来说，它们充满了令人愉悦的冒险情趣，而凡夫俗子由于感觉迟钝，这些事件在他们眼中则变得陈腐乏味，司空见惯。（《人生智慧》）

大多数时候，人们都是按照“我以为”的方式生活着。人们根据经验和对生活的观察来构建自己的人生观、价值观。因此每个人都有属于自己的人生，或跌宕起伏、或平平淡淡。

正所谓“有一千个读者就有一千个哈姆雷特”，生活其实也一样，我们没必要把自己克隆成他人，活出自己的精彩不是更好吗？

不要沉迷于社交

正是这种精神上的空虚驱使他们与其同类进行交往，比如说，去其他国家旅游。他们的思想僵化呆滞，缺少自身的运动，所以，他们试图赋予它一些活力——例如，饮酒以寻求刺激。有多少人仅仅因为这个原因而酣畅痛饮！

社会是狡猾的，它使你与他人的社会交往显得仿佛是一种令人愉快的消遣，但它所造成的危害是巨大的，并且常常是难以弥补的。

只有那些贫乏粗俗者，无论在其青年时代还是老年时代，都同样爱好交际。但是，一旦他们成为社会的累赘亦即他们不再适用于这个社会时，最多为社会所容忍，而从前，他们却是极为需要的。（《劝诫与格言》）

因为精神空虚而寂寞，因为思想乏味而无聊，有多少人因此沉迷于社交，无论是虚拟网络还是酒桌牌局，到头来却发现这些也不过是白驹过隙般的幻影。社交固然能打发无聊的时间，却永远也填不满心中的空虚。

不要自以为是

大多数人是如此地主观武断，以致除了他们自己，没有什么事物能真正引起他们的兴趣。他们只要一说话就总是先考虑自己，他们的全部注意力都为那些最偶然的但又对他们个人发生影响的小事所吸引和侵扰，这绝不是无关紧要的：由于他们没有精力去对事物作出客观的评判，才使他们与别人的交往成为这种样子；他们无法正确地分辨什么是他们的兴趣，什么是他们的虚荣心。（《劝诫与格言》）

生活中总有一些人，他们无知无识却偏偏好为人师，他们惹人厌烦却依旧我行我素。

在这个似乎是众人皆醉的世界里，有多少人在装醉，又有多少是真醒呢？自以为是并不难，难的是有自知之明。

成为你自己

我们的生命力量所唯一能成就的事物，只不过是尽力地发挥我们可能具有的个人品质，且依我们的意志的作用来跟随这些追求，寻求一种完满性，承认可以使我们完满的事物，和避免那些使我们不能完满的事物。（《人生智慧》）

我们每个人自身都拥有潜在的能量，在面临人生险境时，最后一根救命稻草总是自己。

我们习惯了崇拜模仿那些先行一步的人，却忘了人各有所长。我们缺少的也许不是经验和教训，也不是优点和长处，而是成为自己的勇气。

成功与失败

每次成功对我们均有一种双重的有利的作用，当它除了带来特殊的与物质的利益以外，还带来激励生机的保证，即，这个世界、命运或在内心的恶魔，对我们未太怀恶意，也不像我们曾想象那样反对我们的美好前程；但，总而言之，每次成功可以恢复我们生活下去的勇气。同样，每一种不幸或失败，在相反的意义上，也有一种双重的令人沮丧的作用。（《争论的技艺》）

在追寻幸福的道路上，需要成功激励我们；在远离痛苦的路途中，失败又总是不期而至。生活的天平在这两端不停摇摆，而砝码是我们的内心，或许之所以那么痛苦，就是因为我们对得失看得太重。

每个人每一次的成功或是失败，最后是成了他人口中的谈资还是自己内心的感悟？这就是生活向我们提出的问题吧。

覆水难收

希望某些已经发生的事情当初不曾发生，是折磨自己的愚蠢做法，因为这样希望就等同于希望发生一些绝对不可能发生的事情，其不理智就犹如希望太阳从西边升起。正因为所有发生的事情，无论大小，都遵循严格的必然性而发生，所以，反复回想当初发生的那些事情，其起因是多么的偶然和多么的微小，而事情本来轻而易举就可以发展成另外一个样子，这样回想的话，完全就是自寻烦恼，因为这些只是胡思乱想而已。这是因为所有那些已经发生的事情都是循着必然性发生，这些事情的发生和太阳从东方升起，两者都是根据同样充足的力度而得出的结果。其实，对所发生的事情，我们应该就像对待已经印刷出来的文字一样，在阅读这些文字时，我们心里已经清楚，这些文字早在我们阅读它们之前就已经印好在那里了。（《论意欲的自由》）

我们时常因为命运的不济而抱怨，也时常因为自己的错误而悔恨，可惜覆水难收，已经发生的事情无法挽回。或许命运就是这般无情，不如坦然面对一切吧，过去的已经过去，该来的总会到来。

第四章
生活的智慧

如何教育子女？如何赢得他人的尊重？如何利用自己的闲暇时光？生活中大大小小的问题令我们焦灼不安，似乎一切都无从下手。

其实，生活是一门学问，幸福的生活需要用心经营，其中的智慧需要我们不断领悟和积累。

也许今天在日记中写下的只言片语，日后会成为我们记忆中最珍贵的财富。

也许学会在孤独中思考，那些人生的困惑最终就会迎刃而解。

面对这短暂而奇妙的一生，叔本华的教诲或许会对我们有所帮助。

学会深思熟虑

我们不要强迫自己，而是应该静候适合思考事情的情绪自动到来。但这种情绪却经常是不期而至和重复出现，而我们不同时候的不同情绪都会把不同的光线投向所审视的对象。这一缓慢的过程也就是我们惯常所说的深思熟虑。思考的任务必须定额分开几次完成。这样，许多之前被忽略了的东西就会随后引起我们的注意。（《论思考》）

我们的思绪有时如流水一般倾泻而下，有时却又如一潭死水停滞不前，而善于思考的人不应强迫自己整日冥思苦想。

深思熟虑需要耐心和信念，当我们在生活中苦苦追寻却仍一无所获时，不要慌张，因为总有一刻我们自会茅塞顿开。

征求朋友的意见

……不征求朋友的意见就做出决定则更加糟糕——因为一个人可以对各种事情都有中肯、准确的判断，偏偏在判断自己个人的事情时是个例外，原因就在于我们的意欲在这里扰乱了智力的判断。就像医生可以医治别人，偏偏医治不了自己一样；所以，在生病时他就得找一个同行诊治。基于同样的道理，我们在处理自己的问题时应该征求朋友的意见。（《心理散论》）

我们这一生，如果能有几个惺惺相惜的好友为伴，同甘共苦，那也可谓此生无憾了吧！

朋友，是那个在你困惑犹豫时，你愿意向他征询建议的人。他不会因为你不停抱怨而厌倦，不会因为你一时赌气而嘲笑。

遇到了问题，不知所措时，不如问问朋友吧，也许一切就能峰回路转。

计划赶不上变化

一般说来，人们最常做的一件大蠢事就是过分地为生活未雨绸缪——无论这种绸缪准备是以何样的方式进行。为将来做详尽的计划首先必须要以得享天年做保证，但只有为数不多的人才可以活至高龄。就算一个人能够享有较长的寿命，但相比订下的计划而言，时间还是太过短暂了，因为实施这些计划总要花费比预计更多的时间，另外，这些计划，一如其他事情，都有太多遭遇阻滞和失败的机会，甚少真能达到成功。（《建议和格言》）

无论我们怎样精心准备，总有一些时候事与愿违，我们订下的万全之策最终付诸东流。计划总赶不上变化，以不变应万变才是大智慧。

实践出真知

我们在青少年时代努力学习、大量地阅读，随后在踏入社会时，我们却表现得有时像个怪人，有时又跟一个白痴差不了多少；在某一时刻很紧张拘谨，但在另一刻却又相当冒失莽撞。我们的头脑充满着概念，并跃跃欲试地运用这些概念，但在套用这些概念时似乎总是颠三倒四。

在以后的日子里，要纠正这种由于运用概念不得法所导致的对事物的错误判断，需要相当长时间的亲身历练才行。（《论教育》）

读万卷书不如行万里路，书本上的故事怎能比得过生命中那些精彩的点滴呢？哪怕一次勇敢的抉择让你跌落谷底，难道不比一生照本宣科、循规蹈矩要更令人激动？

记录你的想法

头脑中的思想就跟我们的恋人一样：我们以为永远不会忘掉这一思想，我们的恋人也永远不会变心；但眼不见，心不念！最精妙的思想如果不是写下来的话，也有可能从此无法挽回被遗忘，而我们的恋人除非与我们缔结了婚姻，否则也有可能跟随了别人。（《论思考》）

微风轻轻吹过，枯叶缓缓飘落，那些令人留恋的风景一去不返，任凭我们怎样回忆，都无法回到那梦一般的过去，难道我们某一刻萌生的美妙想法不是如此吗？

总有一些时候，我们会懊悔自己遗忘了最初那些重要的念想，我们会怀念自己年轻时候看似幼稚的梦想。不如从此刻开始记录你的想法吧，也许你写下的下一行文字就能改变你的一生。

享受音乐

音乐是真正普遍、人人能懂的语言，因此，人们在世界各处、上下数千年都无比热切、投入地运用这门语言，从不间断。一曲意味深长的旋律很快就不胫而走，传遍全球；相比之下，一段空洞无物的旋律用不了多久就会销声匿迹。这一事实表明，旋律是容易被人们理解的。音乐总而言之就是旋律，而这个世界，就是为这一旋律加上的歌词。（《论美》）

聆听一曲欢快的音乐，那跳跃的节奏和优美的旋律总能一扫我们心头的忧愁，而一段悲伤的旋律又能让我们的心灵更加敏感。

音乐可以抒写人生，音乐可以传达快乐和痛苦，当音乐遇上生活，世界便呈现在我们面前。

注重健康

能够增进愉快心情的莫过于健康，对于愉快心情贡献最小的则是充裕盈余的金钱财富。那些低下的劳作阶层，特别是在乡下生活的人们，常常露出高兴和满足的表情，富贵人家却通常感到烦恼。因此，我们应该着重获得和保持身体健康——愉快的心情就是从健康的身体里长出的花朵。

人的健康尤其远远地压倒了一切外在的好处，甚至一个健康的乞丐也的确比一个染病的君王幸运。一副健康、良好的体魄和由此带来的宁静和愉快的脾性，以及活跃、清晰、深刻、能够正确无误地把握事物的理解力，还有温和、节制有度的意欲及由此产生的清白良心——所有这些好处都是财富、地位所不能代替的。（《基本的划分》）

现代人生活压力越来越大，许多人以为只要一味追求金钱和权力就会获得幸福，而其实健康就是财富。一棵树若没有牢固的根基，即使枝繁叶茂，也难以抵挡狂风暴雨；一个人若没有健康的体魄，即使腰缠万贯，也无法阻止病魔缠身。

坚持独立，珍惜时间

谁要是通过大自然和命运的恩赐交上好运，得到内在的财富，那他就要小心谨慎地确保自己幸福的内在源泉畅通无阻。但要达到这一目的，条件就是拥有独立和闲暇。因此，这种人会乐意以俭朴和节制换取上述二者。如果他们不像其他人那样依赖快乐的外在源泉，情况就更是如此。因此，对职位、金钱、世人的赞许和垂青等诸如此类的指望终究不会把这种人诱入歧途，牺牲自己以迎合人们卑微的目的或者低下的趣味。有机会的话，他就会像贺拉斯在给默斯那斯的信中所建议的那样做。为了外在的荣耀、地位、头衔和名声而部分或全部地奉献出自己的内在安宁、闲暇和独立——这是极度愚蠢的行为。（《人的自身》）

有多少人为了财富和地位整日阿谀奉承、人云亦云，又有多少人为了声色犬马终日废寝忘食、浪费时间。做一个投机取巧、贪图享受的人不难，难的是做一个坚持独立、珍惜时间的人。

生命在于运动

如果人不进行外在的运动——很多人的生活方式都是静止而缺少运动的——那他们身体外表的静止就会与内在进行着的运动形成惊人的、有害的不协调。身体内部不停的运动需要得到某种外在运动的配合与支持。上述身体内外之间的不协调就类似于：某种情绪使我们的内在沸腾起来，却不得不竭力压制这种情绪从我们的外表流露出来。（《人的自身》）

江水之所以宏伟是因为它的奔腾不息，瀑布之所以壮丽是因为它的永不停歇。

我们的身体就像一条河，它需要不断奔流才能充满生机，如果长时间停滞不前，最终将会变为一潭死水。

运动让人充满活力。每天抽空散散步，周末去爬山或者游泳都是不错的运动方式，不要因为工作的繁忙而忽略了身体的锻炼。

尊重老人

老年人得到别人的尊重似乎是基于这样一个事实：虽然也假设年轻人预享有名誉，但那名誉还未经实践考验；因此他们的名誉是信用贷款。但对于老年人来说，在他们的一生中他们已经通过自己的行为证明了自己仍然保有名誉。单就年龄和经验而言，这两者都不足以成为要求年轻人向老者表示敬意的充足理由，因为动物也可以达至一定的岁数，甚至一些动物的寿命远远超过人类的寿命；而经验也不过是对世事的发展有了更加深入的了解而已。但在世界各地，人们都要求青年人向老年人表示尊重。高龄所带来的衰弱要求人们给予老人更多的是照顾和体贴，而不是敬意。但值得注意的是，人们对于花白的头发有一种天生的、因此确实是本能的敬意。（《人所展现的表象》）

老人那仙鹤羽毛一般雪白的头发，总让我们不由得感叹岁月如水、缓缓流逝，又让我们不禁升起一股敬意，似乎那一头白发象征着一世的沧桑与变迁。

戴维·德克尔说过，对老年人的尊敬是自然和正常的，尊敬不仅表现于口头上，而且应体现于实际行动中。老年人不应该成为将被遗忘的人，对老人的尊重，其实也是我们对生命和时间的尊重。（《老年社会学》）

苦心钻研，勤能补拙

那些感觉自己具有良好的理解力和正确的判断力，但又不相信自己真的具备至高的思想禀赋的人，不应该惧怕从事繁琐的考究工夫和累人的工作，因为只有凭借这些劳动，他们才能在广泛接触这些资料素材的众人当中脱颖而出，才能深入只有勤勉的博学者才有机会涉足的偏僻领域。在这一领域，竞争者的数目大为减少，具有稍为突出头脑的人都会很快找到机会对所研究的资料进行一番新的和正确的组合。这种人发现的功劳甚至就建立在他克服了困难而获得了这些资料上面。（《人所展现的表象》）

并非人人都是天才，为了实现梦想，我们需要不懈努力。术业有专攻，在不断探寻的路上，有时我们就像探险家那样抵达一处不见人烟的世外桃源，仅是这一发现就足以让我们获得肯定。

博学笃志，融会贯通

至于那些头脑天赋极强的人，因为他们应该去解答重大的难题，亦即那些涉及这个世界的普遍和总体方面、因此也是最困难的问题。所以他们应该尽可能地扩展视野，同时兼顾多个方向，以避免朝着一个方向走得太远而迷失在某一专门的、少为人知的领域里面。也就是说，他不要太过纠缠于某一学科之中的某一专门领域，更不用说去钻那些琐碎的牛角尖了。他不需要为了抛开那为数众多的竞争者而投身于偏僻的学科。每个人都能看得见的事物其实都可以成为他研究的素材。他可以对这些素材进行全新的、正确的和真实的组合。这样，他做出的贡献就能为所有熟悉那些资料素材的人欣赏，也就是说，获得人类的大多数的欣赏。（《人所展现的表象》）

具有非凡头脑的人应充分利用自己的天赋，博学笃志、融会贯通，不要将眼光局限在一处。虽然大部分人不是天赋异秉，但拓宽自己的视野亦能丰富人生。

戒除恶习

人在自己衣服的遮蔽下变成一副滑稽、丑陋的模样，一个怪物，看上一眼都已经使人反感，尤其再加上身上那种不自然的白色、违反自然的食肉习惯，还有喝酒、抽烟、纵欲和各种疾病。他简直就是大自然的一个污点！（《心理散论》）

人的某种习惯一旦形成，便不易改变，因为潜意识里我们害怕改变带来的不适。不幸的是，我们沾染的恶习就像身体的一部分，大多数时候我们甚至都没有想过要去戒除。

静下心来想一想，你的理智会告诉你，是时候戒除这些恶习了。虽然过程会很艰难，但只要自己愿意，又有什么能妨碍你呢？

寻找一个新的健康的爱好吧，慢慢摆脱这些恶习对我们的干扰，生活不会因为我们戒掉了一个恶习而变得糟糕。

梳理思绪的意义

哪怕是藏书最丰富的图书馆，如果书籍放置混乱的话，其实际用处也不及一个收藏不多、却整理得有条有理的小图书室。同样，大量的知识如果未经自己思想的细心加工处理，其价值也远远逊于数量更少、却经过头脑多方反复斟酌的知识。这是因为只有通过把每一真实的知识相互比较，把我们所知的从各个方面和角度融会贯通以后，我们才算是完全掌握这些知识，它们也才真正地为我们所用。我们只能深思自己所知的东西——这样我们就真正学到了一些道理；但反过来说，也只有经过深思的东西才能成为我们的真知。（《论思考》）

人的思想如白纸一样苍白固然可悲，若千头万绪混杂在一起，则像一张糟糕的涂鸦，毫无章法。

有志者渴望读万卷书行万里路，但看了太多的书、听了太多的故事、走了太多的路后，各种不同的观点和视角萦绕在脑海中，这时候我们需要静下来，梳理梳理我们的思绪，将走马观花的体验转换成我们的真知。

书本并非万能

从孩提时候起我们就应该坚持采用合乎自然的获得知识的方法……不要匆匆忙忙只是把书本放在孩子们的手中；我们必须让他们逐步地了解事物之间和人与人之间的关系。最重要的是注意引导他们获得对这现实世界的纯粹的认识，让他们永远直接地从现实世界里提取概念，并根据现实把这些概念组织起来；而不是从别处，从书本、童话故事或者别人的谈话里获得这些概念，然后就把这些现成的东西套在现实生活当中。（《论教育》）

现代人生活忙碌，总是抱怨没有时间读书学习，于是期望就落到了孩子们的肩上，我们一厢情愿地相信，让孩子们学好书本上的知识就是对他们最好的付出。

书本并非万能，偶尔让孩子们放下书本，带他们看看真正的大山，听听小溪的流水声吧，现实中的仙境会让孩子们获得更多。

拥有自己的见解

这是因为每一见解或真理只有经过自己的思维才会真正融入我们的思想系统，成为这整体的一部分和某一活的肢节；它才可以与我们总体的思想完美、牢固地联系起来，其根据和结果才被我们所了解，这一见解或真理也才可以带上我们整个思维模式的色彩、色调和烙印；在我们需要的时候，这一认识才可以呼之即来，为我们所用；因此，这一见解或真理有其扎实的基础，再也不会消失。（《论思考》）

我们并不缺乏拿来就能用的道理和经验，点一下鼠标，翻一本书，问一个朋友，甚至都不用思考，只要愿意人云亦云，我们的疑问和困惑就可能迎刃而解，这种快捷简单的方式不正是追求效率的我们所需要的吗？可问题解决了，除此之外我们却什么也没有收获。

相比之下，花些时间自己思索探寻，得出自己独到的见解，我们收获的可能是一生都能受用的经验。

求人不如求己

正如一个不需要或只需要很少进口物品的国家是最幸运的国家。同样，如果一个人内在充足、丰富，不需要从自身之外寻求娱乐，那么，他就是一个最幸运的人。因为进口物品使国家花费不菲，仰仗他人，同时又带来危险、制造麻烦。到头来，这些物品只能是我们本土产品的糟糕的代替品，因为无论如何，我们不应该从他人那里，或者从自身之外期望太多。一个人对另一个人所能做的只是极为有限。归根到底，每个人都孑然独立，这时候，最关键的问题就是这单独的人是个什么样的人。因此，歌德的评论适用于这里：无论经历任何事情，每个人最终都得返求于己。（《人的自身》）

我们的一生会遇到各种艰难险阻，到头来我们却发现原来自己才是自己的救赎。请不要指望别人能帮你改变生活，求人不如求己，自我的提升与完善才是解决问题最好的办法。

学会阅读

科学的思想者则在更大程度上这样做。也就是说，虽然这些科学的思想者需要很多的知识并因此必须进行大量的阅读，他们的头脑却足够强劲地把所有这些知识纳入控制之下，吸收、同化这些知识，使之并入自己的整体思想之中；很多的知识也就被屈从于他们那有机、连贯的总体思想——在这些总体思想里面，伟大、出色的见解不断增加。他们的思想在此就像一架管风琴的基本低音那样统领着一切，从来不会被其他的声音所掩盖。（《论思考》）

阅读就像是听作者诉说自己的故事。有些人听过不久便忘记；有些人牢牢记住作者的话，随时准备班门弄斧；有些人边听边思索，取其精华，为己所用。

对于我们一般人而言，阅读应该是一个学习和享受的过程，我们与作者产生的共鸣值得我们仔细思量，最重要的不是我们读了多少，而是消化了多少。

让孩子学习独立思考

少年期是收集素材和对个别事物能有专门、透彻了解的时候。但是，我们的判断力在这个时候一般来说仍未成熟，最终的答案仍然悬而未决。因为判断力是以成熟和经验为前提，所以，我们不应该打扰判断力的成长，而要尽量小心不要以强行灌输定见的方式使判断力加快到来，否则，就会导致它永远瘫痪。（《论教育》）

孩子们的脑袋中总是装着无数个为什么，在大人们看来，很多问题的答案可能显而易见，但请尊重孩子们的好奇心，不要因为不耐烦或是问题的可笑就立刻揭开谜底。

让孩子学习独立思考、自己去判断事物。其实，我们回想一下小时候的经历，最让我们难忘的不正是小小的我们追寻“真理”的过程吗？而那些靠自己抓住的“真理”，远比书本上的知识更让我们激动。

改变习惯

真正的习惯力量，却是建立在懒惰、迟钝或者惯性之上，它希望免去我们的智力、意欲在作出新的选择时所遭遇的麻烦、困难，甚至危险。这种懒惰、迟钝和惯性让我们每天都做着昨天做过的、已经做了百次之多的事情，并且，我们也知道这样做所达到的目的。（《心理散论》）

习惯是一种强大的力量，它可以主宰人生。

虽然我们知道生活中有些习惯并不可取，但因为懒惰，我们并不愿意尝试改变。其实想要改变习惯，先得改变态度，不要寄希望于未来，因为此时此刻就决定了我们未来的命运。

改变一个形成已久的习惯，让我们难受一时，可一个坏习惯在日后结成的恶果，也许会让我们难受一世。

珍惜名誉

如果我说：名誉就是外在的良心，而良心就是内在的名誉。那这个说法或许能够满足很多人，但这种解释华丽、花哨多于清晰、透彻。因此，我认为，客观上，名誉是他人对我们的价值的看法；主观上，则是我们对于他人看法的顾忌。由于名誉的这一主观特质，它常常会给注重名誉的人带来某种有益的影响，虽然这种影响绝对不是纯粹道德方面的。（《人所展现的表象》）

名誉是他人对我们品行、思想、道德等方面的评价，每个人都渴望得到他人的认可和尊重。

不要做违背良心的事情，不要做伤害他人的事情，珍惜我们的名誉，正如俄罗斯谚语所说：爱惜衣裳要从新的时候起，爱惜名誉要从幼小时候起。

吃一堑长一智

在遭遇不幸时……如果我们的轻率、鲁莽要为我们的不幸负上部分责任——通常都是这种情形——那么，对当初如何才能防止不幸的发生进行一番反复的、令人痛苦的思考，则是我们应该执行的某种有益的体罚，我们可以吃一堑长一智，这对以后都大有益处。我们不应该在犯下明显的错误以后为自己开脱责任，淡化或者粉饰错误，就像我们经常做的那样。我们应该坦白承认错误，清楚明白这些错误的严重性，这样，我们才可以下定决心在以后避免重蹈覆辙。当然，这样做我们免不了要进行一番痛苦自责，但是，"不接受惩罚教训就不可能进步"。（《建议和格言》）

"经一蹶者长一智，今日之失，未必不为后日之得。"（明·王阳明《与薛尚谦书》）

人都会犯错，不同的是聪明人同一个错误只会犯一次，傻瓜却不知总结经验，在同一处再三跌倒。从失败中汲取教训，不要在同一个阴沟里翻两次船。

做事需专心

涉及我们的种种事情各自发生，没有次序之分，相互之间没有关联，它们的差别又很悬殊；它们唯一共同之处只是这些事情与我们有关。正因为这样，我们就应该相应地在考虑和处理事情时，做到同样干脆利索，切忌纠缠不清。因此，在我们处理某一事情时，必须把一切其他别的事情置之度外，在恰当的时间里为某件事情操心、担忧或快乐，其他事情则不予考虑。打个比方说吧，我们必须拥有一个存放思想的抽屉柜，在拉出一个抽屉时，其他的抽屉却保持原位。这样，我们就不会因为考虑一个沉重的问题而失去在同一时间的乐趣，我们的宁静也不会因此而被剥夺。我们对一件事情的考虑也就不会代替了对另一件事情的思考，不会让对重大问题的关注导致了对许多细小问题的忽略。（《建议和格言》）

思绪犹如一条条小溪，只有汇集一处才能形成江河。我们大部分人做事时总是怀有太多的顾虑，其实生活并非那样复杂，专心致志地按顺序做好每一件事，就能慢慢接近目标。

多动手勤动脑

能够从事某样活动，如果可能的话，制作某样东西，或者至少学习某一样东西，对于我们的幸福是绝对必要的。一个人的能力需要发挥，并且，他渴望看到发挥能力以后的结果。在这一方面，制作或者完成某样东西，不管那是一只篮子抑或一本著作，都会带给我们极大的满足。看到我们手头上的工作不断有进展，并最终得以完成，我们得到的是一种直接的快乐。创作一件艺术作品、撰写一篇文章，甚至从事某种手工制作，都会给我们带来愉快。（《建议和格言》）

我们时常鼓励孩子们要多动手勤动脑，但我们仅仅看到了这对孩子们智能的锻炼，却没有意识到这对我们每个人获得幸福的意义所在。

为什么随着年岁的增长，我们的兴趣爱好越来越少？也许不是因为这些兴趣不再适合我们，而是我们自己对生活的兴趣越来越少了。

如何保持健康

在我们身体健康的时候，我们可以让身体的整体或部分承受负担和压力，借此可以把自己锻炼强壮，使身体习惯抵御各种各样的恶劣影响。但一旦我们身体的局部或整体出现了不健康的状况，那我们就要采用相反的做法：以各种可能的方式让患病的部位得到休养、生息；因为患病或者虚弱的身体经受不起任何锻炼。

肌肉可以多做运动而得到加强，但神经经受折磨却会遭到削弱。因此，我们可以从事适宜的劳作以锻炼肌肉，却应该保护神经不受操劳。（《建议和格言》）

培根说过："健康的身体乃是灵魂的客厅，有病的身体则是灵魂的禁闭室。"（《培根随笔》）

健康有时不是身体状况的问题，而是精神状况的问题。保持健康的方法数不胜数，最重要的是要拥有一颗平和温存的心。

赢得尊重

拉罗什富科非常中肯地说过：很难在高度尊敬一个人的同时，又非常喜爱他。所以，我们只能选择要么获得别人的尊敬，要么得到他们的喜爱。别人对我们的喜爱总是出于私心，虽然个中原因因人而异；此外，我们获得别人喜爱的原因并不会让我们引以为豪。

至于别人对我们的尊敬，情况可就恰恰相反。别人对我们的尊敬是我们强行从别人那里、违背他们的意愿获得的，所以，别人通常都把自己的尊敬掩藏起来。别人的尊敬能够给予我们内心更大的满足，因为它与我们的价值紧密相关；但别人对我们的喜爱并不直接与我们的价值连在一起，因为喜爱出自主观，尊敬却出自客观。（《建议和格言》）

每个人都渴望获得他人的尊重，因为这表明他们认可了我们自身的价值。用尊重才能赢得尊重，以实力方可换来掌声。要想赢得尊重，先得尊重别人，否则我们只会遭到嫉妒和敌视。

细节识人心

一个人会在细节小事上疏于防备，从而表露出自己的性格。从一个人对细微事情的处理方式，或者纯粹的举止态度就可以看出这个人的无限膨胀扩张、丝毫不顾及他人的自我。这种人在大事上也不会委曲自己的本性，即使他把自己的本性伪装起来。我们可不要错过这些观察人的机会。在处理鸡毛蒜皮的日常小事当中——这些小事亦即属于“法律不会理会的小事情”——如果一个人的心从不考虑他人，一味只顾寻求自己的方便和好处，不惜妨碍和损害别人的利益，把本属于众人的据为己有，那么，我们就可以肯定：在这个人的心中并没有公正可言。如果没有法律和司法机构的约束，他甚至会成为一个恶棍。我们根本就不可以对这个人有丝毫的信任。确实，无所顾忌地破坏自己私人圈子里面的规矩的人，同样会在他认为安全和没有危险的时候破坏国家的法令。（《建议和格言》）

细节决定成败，细节也可鉴人。一个不经意的细节，往往能暴露出一个人深层次的修养。

朋友需要慎交

原谅和忘记就意味着扔掉我们获得的昂贵经验。如果某一个与我们有交往和关联的人暴露出某种令人不快或者令人恼火的行为，那么，我们就要问一问自己：这个人真的这样有价值，以致我们愿意忍受他的行为吗？因为这同样的行为必将一而再、再而三地变本加厉地发生。如果答案是肯定的，那么，我们就不用对此行为多说什么，因为说话是没有什么用处的。这样，我们就对他稍加劝告，或者干脆不加劝告，让事情过去就算了。但是，我们必须意识到，这样一来我们随时有可能再次遭遇他给予的同样麻烦。但如果问题的答案是否定的，那么，我们就只能马上并且永远地和这位宝贝朋友断绝交往……因为如果相同的处境再度出现，他仍然会无法避免地做出同样的、或者相类似的事情——尽管现在他真心实意地做出保证不会这样做。（《建议和格言》）

假如朋友伤害了你，请不要总是替他说好话，也许他并不值得你去珍惜。有的友谊像是一杯美酒，即使对方偶尔犯了错，你也愿意将心比心与他同甘共苦；有的友谊却是一杯苦水，总是时不时地给你带来烦恼，似乎你就应该是那个人的出气筒。

朋友需要慎交，真正的友谊不该只是付出与索取，更重要的是分享。

以人为镜可以正衣冠

正如一个人背负着自己的身体，而对此重负一无所觉，但在移动他人的身体时，他却感觉到了重量。同理，他不会注意到自己身上的缺点和恶习，而只会留意他人的这些东西。因此，每个人都应该以他人为镜，从这面镜子可以清楚地看到自己的缺点、恶行及其他的不好之处。但在大多数情况下，人们却像一只对着镜子咆哮的狗——它以为镜子里面的是另外一只狗，殊不知它看到的正是它自己。挑剔别人缺点差错的人其实在改进着自己。所以，倾向和习惯于在私下默默留意和刻薄挑剔别人的外在行为、别人不论做过的抑或不曾做过的事情的人也因此在改进和完善着自己。

注意和批评别人的缺点是使我们意识到自己不足的一个相当有效的方法。我们需要一面镜子去改善自己。（《建议和格言》）

我们不太容易发现自己的问题，却能一针见血地指出别人的问题，其实别人身上令我们讨厌的地方，往往也是我们自身的缺点。也许每个人都需要一面镜子才能照出自己的丑陋，可又有多少人能领悟到那镜子里的人其实就是自己呢？

保持礼貌

保持礼貌就等于我们订下一条闭嘴保持沉默的协议：我们都将互相忽略和避免责备对方在道德上和智力上的缺陷。这样一来，我们的缺陷就不会轻易暴露出来，这对彼此都有好处。保持礼貌是一种明智的做法，因此，不礼貌的言行就是愚蠢的。随意地和不必要地以不礼貌的方式对待别人而因此与人结下怨仇，就犹如自己放火烧掉自己的房子一般的疯狂。礼貌的言行就像假币，在使用假币时也吝啬、小气就是不智的表现，慷慨施予则是聪明的做法。

运用礼貌和友好，甚至使千个执拗和敌视他人的人也变得顺从和与人方便。所以，礼貌之于人就犹如温暖之于蜡。（《建议和格言》）

孟德斯鸠在《论法的精神》中说过："礼貌使有礼貌的人喜悦，也使那些受人以礼貌相待的人们喜悦。"人无礼则不生，事无礼则不成，国无礼则不宁。保持与人交往中该有的礼貌，对自己严一点，对他人松一点，我们的行事将会更方便。

做事要有主见

判断我们到底应该做些什么和不该做些什么时，我们都不应以别人为榜样，因为各人所处的位置、境况、关系都不相同，各人性格的差异也会使人们对事情的处理沾上某些不同的色彩。“两个人做同一样的事情，但那已经不是同一样事情了。”经过一番深思熟虑以后，我们必须以符合自己性格的方式行事。所以，在处理实际事务时，自己的独到见解是必不可少的，否则，我们做的事情就会与我们的自身不相吻合。（《建议和格言》）

俗话说，仁者见仁，智者见智。凡事因人而异，我们可以参考别人的意见，却不能失去自己的主见。不要做一棵墙头草任人摆布，遵循我们内心最热切的想法去做事。能有自己想法的人难得，敢作敢为的人更难得。

冷静才有说服力

谁要想让别人相信他的看法，那他就要冷静、不带激情地把他的看法表达出来。因为所有激烈的情绪都来自意欲，这样如果一个人激烈地把自己的看法说出来，那人们就会把他的看法视为他的意欲的产物，而不是认识力的结果，因为认识力在本质上是冷静的。因为意欲在人的身上是激烈和占首位的，而认识力只是次一级的和多余的，所以，人们更多地相信我们的看法是出自激动的意欲，而不会相信意欲的激动是我们的判断所引致。（《建议和格言》）

想要表达自己的观念，说服别人相信自己，我们需要理智冷静。不管风吹浪打，胜似闲庭信步，任何形式的激动都可能会被误解为一时冲动，冷静才有足够的说服力。

一日之计在于晨

早上毫无例外地适合人们从事任何精神上的或者体力上的工作。早晨是一天中的青年时候：一切都是明亮、清新和轻松的。我们感觉充满活力，能够自如地发挥我们的机能。我们不应该贪床而缩短了早晨的时光，或者以没有价值的工作和闲聊浪费这段时间。相反，我们应该视早晨为生命的黄金时光，并在某种程度上把它视为神圣的。（《建议和格言》）

东方泛白、万物苏醒，一天中最美好的时光也翩翩而至。早晨的我们往往感觉既紧张又兴奋，不知今日会有怎样意想不到的事等待着我们。与其慵懒地躺在床上拒绝清晨的曙光，不如尽早起身，准备迎接新的一天。每天早起一会儿，调整好自己的心情吧，细听树梢热闹的鸟鸣，轻嗅枝头含露的玫瑰，轻松面对接下来的一整天。

推己及人，将心比心

要让自己容忍别人与己相反的观点和耐心对待别人对自己看法提出的异议，最行之有效的方法或许就是记住这一点：我们自己何尝不是对于同一审视对象经常性地连续变换截然相反的看法？我们不也是甚至在短短的时间之内抛弃某一看法，然后又重拾这一看法，最后又接受了与此相反的观点吗？这一对象在不同光线的映照下显现出不同的样子，我们据此而相应改变自己的观点。同样，在我们发表与别人看法相抵触的意见时，没有比这一说法更能争取别人好感的了，“我以前也持有与你一样的想法，但现在……”等等。（《论哲学和智力》）

与人交往不免产生误解和矛盾，有时他人的意见对于我们而言显得既荒谬又可笑，其实我们不也有自以为是、固执己见的时候吗？

有些时候，人们的想法并不坚定，将心比心、以诚相待，也许对手最后会站在你这边。

宝贵的思想需要等待

针对有价值之物的认真、严肃、完美的思想却不是在任何时间呼之即来。我们所能做的只是为这些思想的到来铺平道路，亦即把没有价值的、愚蠢的和庸常的念头拒于思想的门外，避免信口胡言和昏话瞎侃。这样，我们就可以说：慎思、明辨事物的便捷方法就是不要思考无聊、乏味的东西。我们只需为美好思想敞开欢迎的大门，那它们就会造访。所以，我们在空闲、无事可做的时候，不要马上随手拿起一本书，而应该先让我们的头脑安静下来。然后，一些很好的想法、念头就会到来。（《论哲学和智力》）

现代人变得愈发浮躁，没有多少人愿意沉下心来审视自己的内心。可人生不只是娱乐和消遣，我们需要的不只是假话和废话。人们并没有忘记思想的价值，却没有时间等待它们的到来。

我们这一生有多少时候在用头脑换垃圾，又有多少时候在用时间换思想？每个人都有不同的答案。

提高鉴赏力

正如太阳需要眼睛才可看到它的光芒，音乐需要耳朵才可听到它的声音，同样，所有无论是艺术还是科学的巨作，其价值是以这些巨作能与之述说的读者和听众，以与作品思想相近、胜任理解这些思想的读者和听众为条件。也只有具有这种思想的人才掌握必需的咒语——他们以此咒语召唤起匿藏在这些作品里的精灵。

正如我们观看的一幅油画，是挂在黑暗角落里抑或得到太阳光线的照射，其产生的效果都大不一样，同理，同样的一部巨作会给具有不同思想的审视者留下并不一样的印象。所以，欣赏一部优美的作品需要敏感的心灵；而理解一部思想性的作品需要思考的头脑。这样，这些作品才是真正存在和展现了生命力。（《论判断、批评和名声》）

生活中并不缺少美，缺少的只是发现美的眼睛。字句间蕴藏的箴言，画作里描绘的人生，音乐中谱写的诗意，一切都等待着我们去品味。

安静的环境利于思考

智力得以发挥，完全在于精力的集中，亦即所有的智能都集中在一个主题上，也就像照射在凹透镜上的光束都聚在一点上一样。而噪音就妨碍了精力的集中。

在所有的打扰的形式中，噪音是最不礼貌的一种，它不仅打扰了思路，而且还具有破坏性。而且即使无其他打扰之时，噪音也会让人痛苦难言。偶然也会有一种轻微但持续不断的噪音在打扰我，过了一段时间我就清楚地感觉到，我的思路越来越困难，就好比是腿上负了重却还要尽力行走一样费力，最终我意识到了问题的所在。

（《论噪音》）

在平日的生活中，是否很难找到安静的时刻？看着车水马龙的街道，为了生活步履匆匆的行人，以及夜晚还在加班的年轻人……我们确实是在为了美好的生活努力着，然而更多时候是否只顾奔走，而忽略了对人生的体悟和思考？

每个人都是生活的作曲家，安静的环境无疑有利于我们创作这首最长且最有意义的乐曲。

以貌也可取人

人们私下里总是坚持以貌取人的原则，这一原则无疑正确，只是应用起来存在着困难。应用这一原则的能力，部分属于天生，部分来自于经验，谁也不能说在这方面驾轻就熟，即使阅历极深、老于世故之人也难免不出差错。尽管如此，无论费加罗会说些什么，相貌不可能欺骗我们，如果我们读到了一些在相貌中原本所没有的内容，那是我们自己骗了自己。

要成功地观看一个人的相貌，首要的条件是保持纯粹客观的观点，这可不是件容易事。因为即使带有任何轻微的主观色彩，无论是厌恶还是偏爱，或者夹杂着恐怖或希望的因素，甚至即使是我们自己对于观察对象的任何模糊观念，都会使要破译的文字变得混乱不清。（《论观相术》）

人的外表是心灵的一面镜子，聪明的人可以通过这面镜子窥探人的内心。人们通常都会喜形于色，所以以貌取人离不开察言观色。

外表天生的美与丑很难反映出一个人的个性，丰富的表情和眼神却能透露出人的性情和特点，有时候我们隐藏得再深，却还是藏不住那心底的秘密。

人的第一印象

只有对陌生人的相貌才会评判正确，而且不是经常遇见这一相貌，对其相貌不太熟悉，也没有和他人做过交谈才能不出偏差。严格地说，只有第一观感才能提供纯客观的评价，而这种客观的评价乃是破译他人性格特征的必备条件。气味只有在刚一接触时才对我们发生作用，酒只有喝第一杯时才能让我们品尝出真正的滋味。同样，只有初次相遇，人的相貌才能给我们以充分的印象。因此，我们应当特别留心第一印象并慎重地予以解释，假如一个人完全相信自己的观相术，而且又觉得从他人脸上所发现的内容意义重大，那么甚至可以将这些写下来，以后的交往和熟悉会使人忘记这第一印象，但时间总会有一天来证明过去的相面是否正确。（《论观相术》）

与人交往就如同欣赏音乐，随着次数的增加，乐曲的结构和内涵愈发明显，可第一次聆听时的震撼始终令人难以忘怀。仅凭第一印象就给人定性不免武断，第一印象并非总是正确，却总是最牢固、最明晰的，所以，在初次交往中我们应该尽量给对方留下一个良好的印象。

写作的风格

风格是心灵的观相术，并且它比相貌更可靠地反映了心灵的特征。模仿别人的风格，就像戴了一副假面具，不可能与别人完全一样，并且，很快便令人嫌恶、招人唾弃，因为它缺乏生命的活力；所以，即使一副丑陋的面孔，只要它生气勃勃，也要胜于那假冒的面孔。

一个人的风格显示了他的全部思想的形式上的本性——这种绝不可能改变的形式上的本质，铸就了他思想发展的主旨或特征：它仿佛是用来捏做他的全部思想内容的面团。（《论文学艺术》）

写作的风格因人而异，直爽的人乐于言简意赅，细腻的人喜欢浮想联翩，理性的人擅长推理分析。因此有些作品读来令人感觉荡气回肠，有些作品又给读者以直击人心的触动。

白纸黑字间透露出的不仅是观念和立场，也流露出每个人独特的心灵感受。

辩论的目的

我们在每一争议中的目的，不应是别的什么，仅仅是为了发现真理；我们丝毫不会在意我们开始表达的意见是否是真理，抑或我们的对手先提的意见是否是真理。我们对那种事情一点也不应重视，或至少应把它看作很次要的事情；但是实际上那却是应该主要关心的事情。我们与生俱来的虚荣心，尤其对我们的智力高低特别敏感，不肯容忍或允许我们承认自己先提的见解是错的，而我们的对手先提的见解是对的。克服这一困难的办法很简单，那就是总要不怕麻烦，不辞辛劳地作出正确判断。（《争论的技艺》）

英国哲学家休谟说过：“遇到有承认自己错误的机会，我是最为愿意抓住的，我认为这样一种回到真理和理性的精神，比具有最正确无误的判断还要光荣。”（《人性论》）虚荣心促使人宁愿坚持谬误，也不愿承认错误，所以人们之间的争辩往往演变为一幕幕闹剧。辩论并非总是为了分出高下，更多的时候它是双方取得一致、解决问题的途径，因为真理总会越辩越明。

生活中的手势

自然的手势，如通常伴随生动谈话的手势，本身就是一种语言，它甚至要比形诸文字的语言应用得更为广泛。至此为止，我指的是一种与文字无关，并且在所有的民族中都相类似的语言。事实上，一个民族越是生气勃勃，就越是喜欢使用手势。在某些特殊的情形中，例如，在意大利人中，常使用一些特殊的、传统的手势，这些手势只能在当地使用，只具有地方意义。

手势作为交谈的一种辅助，就像一支曲调中的低音部。在和弦中，倘若低音部使三重奏保持音调正确，那么低音部便增强了演奏效果。（《心理的观察》）

在与人交谈时，有意或无意的手势往往能让交流变得更容易，肢体的语言伴随着的总是人们最深切的意愿，合理运用手势自然也成为沟通中的一门艺术。

学会抽象思维

一个人的知识可以说是成熟的，换言之，它已达到尽善尽美的程度；在这种程度上，作为个体，当他所拥有的抽象概念与他实际上感觉到的事物之间完全相符时，他就能够驾驭知识。这意味着他的每一种抽象概念，都直接或间接地建立在观察的基础上，只有观察才能使抽象概念具有实际价值；而且还意味着他能够运用正确的抽象概念去指导他所进行的每一次观察，而他的抽象概念则从属于观察。（《论教育》）

面对千姿百态的蝴蝶、蜜蜂、蜻蜓、蜘蛛，我们称之为“昆虫”；面对五颜六色的玫瑰、百合、梅花、牡丹，我们称之为“花朵”。抽象概念听起来似乎冰冷枯燥，这冰冷的背后却隐藏着智慧的温暖。

抽象思维有利于我们判断事物的本质，分析和总结，归纳和演绎，合理运用这些方法往往能让我们的工作事半功倍。抽象思维离不开形象思维，也只有结合观察和感受，具体才能上升为抽象。

注意劳逸结合

在凝视某一物体一段时间后，眼睛就会变得迟钝而无力看清这一物品。同样，太长时间冥思苦想一样事情会使智力迟钝，它也就无力琢磨和把握其思考的对象。在这两种情形里被凝视和思考之物都会变得模糊、混乱。这时候，我们就要暂时把事情放下，到了重新凝视和思考它们时，我们就会发现它们重又展现清晰的轮廓。

从智力需要得到休息的事实，我们就可以解释为何在间隔一段长的时间以后，当我们以一种全新、陌生的眼光，因而也就是不带偏见地重新审视日常世事的进程时，那其中内在的关联和含义就会相当清晰和纯净地展现在我们的眼前。事物就会变得简单、明了；我们就会无法理解为何这样清楚、明白的事情却不为时刻在这些事情中浮沉的人所注意。诸如此类的清晰时刻因此可以比之为"灵光闪现的瞬间"。（《论哲学和智力》）

生活的节奏越来越快，但人并非永动机，无法持续不断地工作、思考。水满则溢，月盈则亏，累了就该歇歇。每天保证充足的睡眠，工作间歇适当放松身心，注意劳逸结合，才能提高工作效率。

第五章

万物由心而生

每个人都有自己对世界的理解，有些人眼中的空洞乏味或许在另一个人看来却趣味盎然。

自由与秩序、宗教与哲学、意志与智力……我们究竟该如何看待这复杂而矛盾的世界呢？叔本华以他独特的哲学观为依据，给出了自己的答案。

在品味和借鉴他的观点的同时，更需要我们自己的思考和解读。因为，正如叔本华自己所言：“每一种这样的世界观所包含的真理都是相对的。”（《论哲学和智力》）

世界因你而不同

> 每个人生活于何样的世界首先取决于这个人对这个世界的理解。这个世界因为各人头脑和精神的差异而相应不同。因此，每个人的世界是贫瘠的、浅薄的和肤浅的，抑或丰富多彩、趣味盎然和充满意义——这视各人的头脑而定。
>
> 在一个思想丰富的人看来是饶有趣味的事情，对于一个肤浅、庸俗的人来说，同样的事情就只不过是平凡世界里面的乏味一幕而已。（《基本的划分》）

有些时候我们总抱怨生活的不公、世界的荒谬，我们自己看不到一丝希望，却又妒忌他人生活中的丰富和快乐。

其实，世界究竟如何，全因每个人自己而不同。

小心教育的陷阱

人为的教育就是在我们还没有对这一直观世界获得某种泛泛的、普遍的认识之前，就通过阅读、授课等手段，强行把概念塞进我们的脑袋。经验随后会为这些概念提供直观认识，但是，在此之前，我们会在运用这些概念时出现失误。这样，我们对人、事的看法、判断和处理都会出现错误。教育也就以这样的方式制造出偏差、扭曲的头脑。（《论教育》）

当青少年出现问题，我们在叹息和责难的同时，是不是该对教育进行探讨和反思呢？一味强行给年轻人灌输各式各样的概念和知识，我们是不是该问问他们到底需要什么？

有句话说得好：没有种不好的庄稼，只有不会种庄稼的农民。小心教育的陷阱，每一颗播下的种子，未来能否茁壮成长，全靠播种人的耐心和智慧。

想象力的价值

想象力作为天才的一个不可缺少的工具，其巨大价值就在这里。这是因为天才只有依靠想象力，才能够根据头脑中连贯的图画、诗歌或者思想的需要，使每一物件或者事件呈现出活灵活现的样子，并从直观认识——这是所有知识的源泉——中不断汲取养分。具备了想象力天赋就好比可以召请神灵在恰当的时间向他透露真理，而赤裸裸的现实事物只在少有的情形下，并且通常是在不恰当的时间里，依稀模糊地表现出这一真理。因此，与这样的人相比，欠缺想象力的人就像黏附着岩石只能等待机会的贝壳，前一种人则是能自由活动甚至可以飞翔的动物。后一种人……直至获取直观认识之前，他们只能啃咬着概念和抽象——但这些只是认识的空壳，而非果仁。（《论天才》）

随着年岁的增长，我们是否越来越感觉生活缺少了些色彩？我们是不是时常感觉日复一日，毫无新意？小时候哪怕一堆沙土都能打发我们半天时间，现如今无数的饭局、琳琅满目的商品、五花八门的节目却让我们感觉无聊和厌倦。可能我们已经忘记了生活有时需要幻想和展望。

不是每个人都是天才，也不是每个人都拥有一颗童心，可想象力并非天才和孩童的专属品，只是我们早已把它埋到了那一堆沙土之下。

不如试着重拾自己的想象力吧，为生活涂抹一丝色彩，即使不再年幼，也可以自由飞翔。

教育需要顺应自然

我们应该了解清楚掌握知识的确切的自然顺序，这样，才能够讲究方法地、以符合这种顺序的方式，让孩子们了解到这个世界的事物及其关联，而不会一味向他们灌输一些荒唐的见解——以后要消除它们都是很难的。（《论教育》）

孩子们的世界丰富多彩，他们对周遭充满好奇心，面对他们单纯幼小的心灵，我们不应该揠苗助长，期望立刻水到渠成。

一棵小树苗需要悉心照顾，不能在它还未成熟之前就让它经历风雨的摧残。大人对孩子的教育也需要顺应自然，让他们慢慢了解这个世界。

客观看待媒体报道

各式夸大其词是报纸报道的本质，正如夸张也是戏剧的本质一样，因为报纸必须炒作每一事件，尽量地小题大做。因此，由于职业的缘故，报纸写手都是危言耸听的高手，这是他们增加吸引力的手段。正因为这样，他们就像那些一有风吹草动就狂吠一番的小狗。所以，我们必须控制自己，不要太过留意它们的大呼小叫，以免影响我们自己的消化。并且，我们应该清楚：报纸通常都只是一副放大镜而已，甚至在最好的情形下也是如此，因为那通常只是映在墙上的手影游戏而已。（《论美》）

如今这个时代信息量巨大，五花八门的媒体报道鱼龙混杂，充斥着我们的眼球，虚实之间真假难辨，真相到底离我们有多远呢？

兼听则明，偏听则暗，有些事情越辩越明，有些事情或许我们永远无从得知真相到底如何，但我们应该持有自己独立客观的判断。

不要迷信权威

那些热切和匆忙搬出权威说法以定夺有争议问题的人，在请来别人的思想、见解作为救兵时，的确是洋洋得意，因为他们无法求助于自己的理解和观察——这些是他们所缺乏的。一旦出现了有争议的问题，权威的言论就成了他们共同用以击溃对方的武器。谁要是卷入这一类争辩之中，他可千万不要运用根据和论证以捍卫自己的观点。（《论思考》）

在我们平日的讨论和争辩中，搬出权威的一方总显得有理有据，就像敬拜太阳一般，以为那是世间唯一的光源，能够照亮每一个暗面。可是我们不要忘记，太阳并非宇宙的中心，而只是银河系中一颗小小的恒星，换一种角度观察，它便在灿烂的星辰之海中黯然失色。

我们有时执着于迷信权威，而往往忽略了那些熠熠生辉的独到见解。

思想的力量

在现实的王国里，虽然有时候世界是那样的美丽、迷人和惬意，但我们总是活动在一种需要不断克服的沉重气氛之下；在思想的王国里，我们却成了不具肉身的精灵，既没有了重负也没有了困苦。所以，一副精妙、丰富的头脑在某一奇妙时刻通过自身所寻觅到的幸福是这地球上任何幸福都无法比拟的。（《论思考》）

生活时而像一场快乐的旅行，时而又像一次忐忑的冒险，如果没有思想掌舵，恐怕无论前方是景色怡人还是刀山火海，我们都难以正确面对和处理。

思想的力量宛如一束亮光，总能在黑暗中为我们指引方向。也许我们不够强大，无法把思想当作武器，可思想能在困难之时给予我们精神的慰藉。

金钱的价值

人们的愿望首先指向了金钱，人们热爱金钱甚于一切，人们经常为此受到责备。但是，人们热爱金钱却是自然的，甚至是不可避免的。金钱就像永远不知疲倦的普鲁特斯，每时每刻都准备着变成我们那飘忽不定的愿望和变化多端的需求。任何其他物品只能满足一个需要，诸如食物之于饥饿的人，醇酒之于健康者，药物之于病人，皮毛之于冬季，女人之于小伙子等等。因此，它们都只是“服务于某一特定的东西”，它们的好处是相对的。唯独金钱具备了绝对的好处。因为它并不只是满足某一具体的需要，而是满足抽象中的普遍的多种需要。（《人所拥有的财产》）

金钱可以给生活提供种种保障，也可以帮我们换来更多的闲暇时光。

追求金钱无可厚非，金钱的价值在于为我们提供更美好的生活，但倘若为财而违背良心，损人利己，也许一时获得了金钱，但失去的会更多。

聚会的意义

另一个例子就是高朋满座、衣香鬓影的隆重场面。表面上看，人们兴高采烈，沉浸在一片高贵的愉快气氛之中，但通常，拘束、尴尬、无聊才是到场的真正客人。众人聚合的地方，也就是无赖集会之处，尽管人们的胸前挂满勋章。真正优秀的聚会无论在哪里都必然是相当小型的。辉煌、热闹的喜庆场面大都只有空洞的内核，某种的不和谐总会出现，因为这些喜庆气氛实在与我们那贫乏和苦难的生活格格不入。这种反差更清楚地道出了事情的真相。如果从表面上看，这些热闹的聚会会造成一定的效果，而这就是这些聚会的目的。所以，尚福尔绝妙地说道："我们所说的社交——聚会、沙龙——是悲惨的一出戏，一台糟糕的话剧；它烦闷、乏味，依靠机械、服饰和包装暂时的撑持。"（《建议和格言》）

想想我们参加过的各类聚会：冗长的会议通常让人感到乏味无聊，幸福的喜宴有时让人莫名悲伤，老同学的聚会让人百感交集，家人的团聚让人倍感亲切。

各种各样的聚会就像是棱镜，一个个镜面折射出大千世界的芸芸众生，我们每个人都能在其中找到自己的影像。

贫穷与富裕

在一般的情况下，那些经历过匮乏和贫穷的人，比较不那么害怕贫困，因此更加倾向于向往奢侈豪华。这是比较那些只是听说过贫困的人而言的。前者包括那些交上了某种好运，或者，得益于自己拥有的某一专门的特长——不论这特长是什么——从当初的贫困迅速达到了小康生活的人；后者包括出生并成长于良好家境的人。后者更加着眼于未来，因此他们比起前者过着更加节俭的生活。由此，我们可以得出结论：贫穷并不像我们所粗略看到的那样糟糕。（《人所拥有的财产》）

人有时候因为金钱变得很奇怪，贫穷时好学上进，富足后却自满堕落；有钱时日进万金却爱财如命，没钱时入不敷出却挥霍无度。

贫穷与富裕其实只是两种经济状况，不要因此影响我们的处事心态，以一颗平常心面对得失与穷富，生活可以变得很简单。

偶然与必然

虽然事情的发展看上去是纯粹的偶然所为，归根到底，事实却不是这样；相反，所有的那些偶然本身都被一种深藏不露的必然性所完全控制，那些偶然本身只是这种必然性所采用的手段而已。（《论命运》）

生活充满矛盾，那些我们意料之外的事，却在情理之中发生了，偶然与必然令我们捉摸不透。

其实世间之事没有什么是偶然的，一切都包含在必然性中，有果必有因。

上天也许从没有想要捉弄我们，可能我们大部分时候只是井底之蛙，无法看到事情的本质。

个别与普遍

从个别看到普遍——这正是天才的根本特征。正常人却只在个别事物中看到这一个别事物，因为只有这样的个别事物才属于现实世界。（《论天才》）

从一粒沙中，智者看到的是整个世界，凡人却只看了沙。

其实并非只有智者、伟人才能通过个别看到普遍，商人可以通过商品的销售预见市场，医生可以通过局部的不适诊断病情。“个别与普通”是一个哲学问题，也可以是一个生活常识。

我们无须成为世人敬仰的智者，但可以做一个生活中的聪明人。从一次失败中分析总结，避免再次犯错。了解自己的特点，我们才可以在日后做到扬长避短。

哲学并非象牙塔里的专利，如果我们细心，就会发现其实它和生活息息相关。

名誉与声望

在某种意义上，名誉和声望相比，名誉的特性是否定的，声望则具有一种肯定的性质。因为名誉并不意味着别人认为：某某人具有某种特别的、为他的主体所独有的品质；名誉只是说明：某某人并没有欠缺每一个人根据规则都必须具备的品质。因此，名誉只是表明这一个人不是一个例外。声望却表明这个人是一个例外。声望是要去争取的，相比之下，名誉只需要保有就行了。根据这一点，缺乏声望就是默默无闻，它是否定的；但缺乏名誉是耻辱，它是肯定的。我们可不能把名誉的否定性质与被动性质相混淆。（《人所展现的表象》）

珍惜名誉须克己修身，争取声望须明洁奉公，两者都对人提出了极高的要求。其实不论名誉也好，声望也罢，我们都不必刻意求成；做好该做之事，纵使雁过无痕，那摄人心魄的美好一瞬也会永留人们的记忆深处。

人以群分

人与人之间在精神、性情方面同声相应抑或大相径庭，会在人们的谈话中非常轻易和迅速地显示出来，哪怕存在于每一个微小的细节中，都让人感觉得到。尽管两个人所谈论的都是一些陌生和泛泛的事情，但由于两人根本就不是同一类人，所以，其中一人所说的几乎每一句话，都会令对方不悦，在多数情况下，甚至使他动气。但是，同类的两个人说的每一句话都会获得对方的某些同感。如果两人个性酷似，那这种彼此称许很快就会融汇而成某种完美的和谐，甚至完全一致。（《建议和格言》）

我们往往根据爱好和品行来结交朋友，人生中若能得一知己足矣，正可谓“士为知己者死，女为悦己者容”（西汉·刘向《战国策·赵策一》）。

天下之大，任何两个人的相遇都可能成为一曲友谊之歌或爱恋之曲，不要错过和你志趣相投的那个人，懂你的那个人也许就是他。

随时间而来的真理

如果有一些荒谬、颠倒的见解出现在公众的面前，又或者，荒诞虚假的东西写进了文学作品并且受到大众的欢迎，或者至少没有遭到任何诘难、驳斥，我们不应该就此感到绝望，认为事情会就此结束。相反，我们应该知道这一事实并以此安慰自己：在将来，人们会逐渐重新澄清、讨论、思考、审视这些观点或作品。在大多数情况下，人们最终会作出正确的判断。所以，经过一段时间以后——这段时间的长短由具体事情的难度而定——几乎每一个人都终于明白了头脑清晰的人当初一眼就能看得出来的东西。当然，在此期间，我们必须耐心一点。一个有真知灼见的人和那些受到愚弄、欺骗的大众在一起就类似于这种情形：他的手表指示的时间是正确的，但全城钟塔指示的都是错误的时间，而只有他自己才知道正确的时间。但这又有什么用呢？所有人都听任错误钟塔的指示，甚至包括那些知道这个人的手表指示了唯一正确的时间的人。（《建议和格言》）

历史上，真理总是先于大众的觉悟，时间却可以包容这一切。叶芝的一首《随时间而来的真理》又从生命的角度给我们阐释了真理与时间的秘密——

“虽然枝条很多，根却只有一条；
穿过我青春的所有说谎的日子，
我在阳光下抖掉我的枝叶和花朵；
现在我可以枯萎而进入真理。”

“悟”的学问

平庸的人和明智者之间的典型差别反映在日常生活当中，就是在评估和考虑是否存在可能的危险时，前者只是提出并且考虑这一问题：相类似的危险是否曾经发生，后者却思考有可能发生什么事情，并且牢记这一句西班牙谚语：“在一年内都不曾发生的事情有可能在几分钟之内发生。”当然，这两种人的提问有所不同是正常的，因为考虑将要发生什么需要洞察力，看到已经发生了的事情则只需感官而已。（《建议和格言》）

智者拥有卓绝的洞见，头脑是他们判断世事的眼睛，远方的未知并不能阻碍他们前行的脚步。悟与不悟之间隔着的只是一颗善于思考的心。

爱与性

我们有过的经历——虽然这不是每天都可体验到——的确证实了我们对某一异性的热烈、却可被控制的喜爱，在某些情形下，会演变成一种强烈无比的激情。到了这个时候，人们就会抛弃一切顾虑，以令人难以置信的力量和坚持克服一切艰难险阻；为了满足这一激情，人们甚至毫不犹豫地拿生命去冒险；如果这一激情肯定无法获得满足，人们甚至不惜放弃生命。

所有的爱恋激情，无论其摆出一副如何高雅缥缈、不食人间烟火的样子，都只是植根于性欲之中；它的确就是一种更清楚明确、具体特定、在最严格意义上个人化了的性欲。（《论性爱》）

有些人荣于说爱而耻于谈性，其实完美的爱情就是爱与性的融合。在享受爱情的路上，爱犹如糖，性犹如水，糖溶于水，生活才能美满和谐。

意欲、智力和自我

我们也可以把一株植物视为意识的象征。正如我们所知道的，一株植物有根、冠两个端点，前者深入黑暗、潮湿和寒冷之处，后者则向光明、干燥和温暖的地方伸展。植物的茎就是连接这两端的中间处，两端在靠近地面之处分道扬镳。根是关键的、原初的和维持长久的，它的死亡也就导致叶冠随后的死亡。因此，根部是首要的。相比之下，叶冠只是我们可以看见的部分，但它是生发出来的，根部不死它也会消灭，因而是次要的。植物的根部代表了意欲，叶冠则代表了智力，而两者的中介点茎部就是"我"——它同时是两者的终端，所以属于两者。"我"是认知和意欲暂时的同一主体。（《论意欲在自我意识中的主导地位》）

只有智力而没有意念与欲望，人就失去了动力和源泉。而只有意念与欲望，不以智力加以规训和引导，人就会偏离方位和航向。正如根部蓄水多寡决定了冠部的枯荣，冠部的光合作用也证明了根部是否有充足的有机物，意欲与智力相互依存，不可分离。如何让它们协调运作，是我们在修身养性的过程中需要注意的问题。

前人栽树，后人乘凉

谁要想得到同时代人的感激，就必须与同时代人的步子保持一致。但这样的话，任何伟大的东西就无从产生。因此，谁要打算成就一番伟业，就必须把目光投向后世，坚定信念，为后代子孙完成自己的作品。当然，他会在同时代人中间默默无闻，就好比是被迫在孤岛上度过一生的人：他勤勉地在这孤岛上建起一座丰碑，以便把自己存在的信息传达给将来的航海者。那些平常、实际的人，如果条件有幸允许的话，就会忙于积聚物质的工作。他们努力赚钱，建造房屋、耕种土地、投入资本、创立公司、经营布置，日复一日、年复一年，始终充满着热忱。他们会以为自己努力工作是为了自己，但到头来，后人却坐享其成。（《论哲学和智力》）

无论是思想的探索还是事业的开拓，都颇有一番“前人栽树，后人乘凉”的意味，天才为后人留下精神财富，普通人为后代打下生活基础，有多少人愿意只为自己而活呢？

思想与文字

一个思想的真实生命维持至这一思想形之于文字为止——这一思想就以此方式成了化石：从此以后这一思想就是死的了，但同时也是无法磨灭的了，就像史前世界石化了的动植物。我们也可以把这一思想的短暂生命比作水晶石在结晶那一刻。也就是说，一旦我们的思想找到了文字表达，那这一思想就开始为他人而存在，它就不再活在我们的内在了。就像一个有了自己存在的婴儿一样——它已经跟母体分离了。（《论写作和文体》）

历史因为史书得以记载，真理因为名著得以流传。有价值的思想之火需要传播才能燎原，而文字是最方便的媒介。思想生于头脑，而止于文字，对于我们而言，记录自己的所思所想也是对生活的一种提炼和总结。

名著的魅力

一件作品要永恒不朽的话，那这一作品就必须具备多样的优点，以致要找到一个能够理解和赏识所有这些优点的读者也不容易。但是，总会有某一位读者赏识这一作品的某一优点，而另一位读者敬慕这一作品的另一优点。这一作品的声誉和名望就以这一方式持续保持多个世纪——尽管在这期间人们的口味和兴趣不断在变换。这是因为人们时而在这一意义上，时而又在另一意义上欣赏这一作品，这一作品所包含的意蕴始终无法穷尽。不过，写出这一著作的作者，亦即有资格存活在后世之中的人，却在他的同时代人当中、在这广阔的世界里始终无法找到与自己相似的人；他实在是太过不同了。并且，就算他像永远流浪的犹太人一样经历了几代，他还是发现情况没有两样。（《论写作和文体》）

经典的故事、不朽的人物、深刻的哲理……一部伟大的著作不仅给我们以美的享受，更拥有启人心智的能量。名著就如同太阳，即使一时淡出我们的视野，但它依然在远处散发着耀眼的光芒。

时过境迁，名著对各个时代、各种群体依然有其独特的价值，或许名著最大的魅力就在于值得我们反复探索其中的意义。

汉语的魅力

让视觉符号直接承载概念，而并非只是标示其发音——就像中国人所做的那样——明显是更为简单的做法。事实的确是这样，因为视觉比听觉更能够察觉细微、多样的差别；并且，视觉可以允许多个印象同时并存，但听觉却由于唯独存在于时间而无法具备同样的能力。（《论语言和语言学习》）

汉语也许是世界上最美的语言，一个个看似平板的小方块却记录了历史的变迁，抒写着诗书画卷中的唐风汉韵，承载着一代又一代中国人的爱恨离愁。

汉语的说与写是一门艺术，同样的内容，因为表达方式的不同，意思却能大相径庭。正是这样一种灵动鲜活，让它充满了无穷魅力。

教育与求知

乍一看见许许多多、五花八门的求学和传授知识的机构，还有熙攘不堪的学生和教师，大家会以为人类很热衷于真理和学问之事。不过，在这里，表面现象仍然是靠不住的。教师授课是为了挣钱，他们追求的不是什么智慧，而只是有智慧的外表和名声。学生学习不是为了获得认识和见解，而只是为了可以夸夸其谈、显示出派头。这样，在这世上每过三十年就涌现出新的一代人。这些年轻人头脑中一无所知，现在就想要把人类历经数千年点滴积聚起来的知识，概括、扼要并以最快的速度塞进头脑里面。然后，他们就可以比所有前人都更聪明了。为此目的，年轻人走进大学、拿起书本，而且是最新出版的书本——这些时代的伴侣。只要够新、够短就行！就像他们一样都是最新的！然后，他们就可以妄加评判、擅发议论。在这里我还没有将那些把学习当作是饭碗的人包括在内。（《论学者和博学》）

育人为了金钱，学习为了证书，我们对这些现象似乎已经司空见惯。在当代社会，教育和求知应该为何目的，我们无法站在道德的制高点来评判，也许我们能做的只是反思：到底我们是教育的牺牲品，还是教育是我们的牺牲品？

艺术的魅力

在文艺里也是天才把那面使事物明朗化的镜子放在我们面前，在这面镜子里给我们迎面映出的是，一切本质的和有意义的东西都齐全了，都摆在最明亮的光线之下；至于那些偶然的、不相干的东西则都已剔除干净了。

在不折不扣的意义上说，艺术可以称为人生的花朵。如果作为表象的整个世界只是意志的可见性，那么，艺术就是这种可见性的明朗化，是更纯洁地显出事物，使事物更便于概览的照相机。（《作为意志和表象的世界》）

艺术的最大魅力莫过于它那种一尘不染的纯粹，真正的艺术好似生活的漏斗，过滤掉虚伪做作，呈现出事物的本来面目。

生活的复杂和琐碎像一层薄纱遮住我们的双眼，让我们看不清也走不远。艺术的可贵之处在于它能揭开这层薄纱，让我们可以明朗透彻地看见生活的本质。那种拨云见日的感觉，在现实中只有艺术才能带给我们。

不可回避的是我们生活在罗生门的世界：每个人为了自己的利益而编造谎言，事实真相总是扑朔迷离。艺术是最美丽的谎言，但艺术本身并没有说谎，因而它真实地记录着我们的生活。

性格的力量

某事件既可能产生坏的结果，也可能产生好的结果，对于性格抑郁的人来说，一旦结果不妙便悲观失望苦恼忧伤，即便事件是令人快乐的，他也毫无快乐的兴致。相反，温和快乐的人既不会为不妙的结果担忧，也不会为此恼怒不安，一旦情况有了好转，他就会为此而高兴。有的人办事十次有九次成功，但他并不会为此高兴，他会对其中一次失败耿耿于怀。相反，有的人即使只有一次成功，他也会努力地从经验中找到安慰并保持快乐的心情。

性格忧郁悲观的人所要克服的不幸和苦难，总的说来，多半是虚构出来的，因此就不如那些无忧无虑、乐观开朗的人所面临的困难和疾苦真实。总是看到事物的黑暗面，常常因害怕恶劣结果而采取相应行为的人，同总是看到事物的光明面的人一样地不会经常失望。（《人生智慧》）

性格能够影响人们如何去看待得失，它也能够影响人们对事情的预先判断。

对于性格抑郁悲观的人来说，绝大多数遇到的困难都是心里想象出来的，实际生活中并不一定能够遇到。因此，这类人通常在恐惧中浪费着生命的能量。而相比之下，乐观者更具有解决实际问题的信心和能力。

人与社会

但是，当大自然在人与人之间的肉体和精神两方面确立了广泛的差异时，社会却漠视或试图消灭这些差异；或者，毋宁说它建立了种种人为的差异——身份和地位的等级。这种等级常常与那些大自然设定的各种差异正相反对。这种分类的结果是抬高了那些被大自然置于低等地位的人，而降低了极少数在自然中居于高等位置的人。在社会中，只要多数粗鄙者掌握权力，少数优秀者通常总是对这个社会退避三舍。

在社会中，对伟大理智的冒犯就是权利的平等，由此而必然导致要求平等，凡夫俗子对此则欢呼雀跃；同时，能力的不平等意味着相应的社会力量的悬殊。所谓善的社会——这是一种非法的产物——承认一切权利要求，却否认理智要求；在这种社会中，人们被期待对任何形式的愚钝和麻木、堕落和沉闷表现出无限的耐力；而个人的优点若要得以表现就不得不以谦卑的面孔出现，或者，只得藏而不露。（《劝诫与格言》）

我们为社会定法则、名顺序，似乎一切理该如此。然而，也许我们根本没有想到或者故意忽略了：我们头上，有一个更大更完善的自然法则。那也许才是我们最应当遵循的准则。

大众与天才

大众社会颇似一支由俄国管组成的乐队奏出的乐曲。每只管仅有一种音调，而所有的管互相配合、彼此协调，便奏出了这支乐曲。单独一只管仅奏出千篇一律的音调，从这里你可以清楚地看到大多数人的思想将会产生什么样的结果。

有才智的人就像一位杰出的艺术大师，无须任何帮助，只要一种乐器，比如说，一架钢琴（它本身就是一支小型乐队）就可奏出协奏曲。这样的人本身就是一个完满的微型世界。通常需要各种乐器互相配合方可产生的效果，他只需自己的意识整体便能单独达到。当然，仅靠一架钢琴无法演奏交响乐，但是，他是一位独奏者，可以自己单独表演，可以说，这也是一种独处；或者，倘若与他人合作，他也必须是主奏者；或者，创立某种演奏风格，就像建立某种演唱风格那样。（《劝诫与格言》）

在社会生活中，大众往往随波逐流，一旦达成某种一致，就能拥有一股强大的力量；天才通常特立独行，他们的声音虽然响亮，却也容易被淹没。

大众可以成为孕育天才的土壤，或许正是因为大众的喧嚣嘈杂，天才的声音才显得格外清澈嘹亮。

量与质的哲学

我们常常碰到这种情况，即以量的陡增来弥补质的不足，对此，上述比喻也可作为一条普遍的规则。如果一个人聪明机智，那么，一个伙伴便足矣；但是，如果你只与普通人打交道，那么，拥有大量的伙伴就是恰当的，这样你就可以让他们协同工作以获得更大的利益，这正是从管弦乐队中得到的启发。但愿上帝赐予你忍受如此苦役的耐力！（《劝诫与格言》）

一千个傻瓜也辩不过一个智者，在精神和智力层面，量变并不总能带来质变。不过，正如一首气势宏伟的交响乐可以振奋人心，一曲经典的独奏让人心旷神怡，量与质的取舍也需要视情况而定夺。

盲目的愚昧

我所暗示的那种精神的空虚和灵魂的荒漠是造成另一种不幸的原因。当优等阶层的人为实现某个高尚的或理想的目的而组成社会时，结果几乎总是无数的民众如同害虫般蜂拥而来，而且不论在哪里都是如此，他们的目的是为了摆脱烦恼，或者有的根本就是随波逐流；他们不加任何辨别，盲目地对一切事物一哄而上。他们有的人急急忙忙挤进这个社会，有的则身不由己地被推入这个社会，尔后，又一起毁坏它，或者使它变得面目全非，成为与其初衷完全相悖的东西。（《劝诫与格言》）

人或是因为好奇，或是由于无知，又或是仅仅随波逐流，总愿不约而同地涌入群体的浪潮，置身其中，任凭感情行事，不再分辨是非。

每一次盲目和冲动过后，我们才意识到需要反省和思考，也许这就是集体的无意识，它虽然带给了我们力量，力量之下却潜藏着破坏。

智慧决定眼界

人不可能目测自己的身高，让我来解释下这句话的含义。你不可能从别人身上看到比自己更多的东西，你的才智全然决定了他力所能及的范围。倘若你是个低能儿，那么，即使他们才智超群也对你毫无影响；你所看到的仅仅是他们个性中最平庸的方面，换言之，仅仅是那些品性和气质中的弱点和缺陷。你对一个人的评价仅局限于他的不足之处，你看不见他的优秀的精神素质，就像盲人看不见色彩一样。（《劝诫与格言》）

燕雀安知鸿鹄之志。志向有多远，我们飞得才有多远；才智有多广，我们看得才有多广。在我们嘲笑他人之前，不妨先提醒自己不要做那只井底之蛙。

尊重真理

因为别人幼稚愚昧，我就得对一大堆谎言唯听是从？我只崇尚真理，绝不会对与真理相悖的东西俯身相就，“真理与日月齐辉，与天地共存”，这就是我的座右铭，就像律师的准则是：公正与日月齐辉，与天地共存。任何职业都应当有类似的准则。

一个人所享受的一切幸福，以及他缅怀的几乎所有的友谊，都建筑在幻象之上：因为，一般地说，随着知识的增长，它们必定消失。然而，这时与别处一样，一个人应该勇敢地求索真理，并且永不倦怠地进行他自己与这世界和解的奋斗。（《争论的技艺》）

或许是迫于压力，或许是利欲熏心，在追求真理的道路上，人类总是一波三折，这条用血汗铺成的路在被无情践踏时，又显得那么不堪重负。每一个真理的背后都有一段惊心动魄的故事，这些来之不易的真理值得我们去尊重和捍卫。

不盲从榜样

榜样的种种影响是非常强烈的，所有这些影响都依赖于如下的事实：作为一条规律，人太缺乏自己的判断了，甚至常常太缺乏知识了，不懂得如何自我思考，独辟蹊径；因而，人总是喜好跟在别人的屁股后面，亦步亦趋，邯郸学步。正因如此，人愈是缺乏这些优良品格，也就愈加需要榜样的影响了。事实上，我们的确发现，绝大多数人的指路明星都是以其他人为榜样的。在他们全部的生命旅程中，不论大事还是小事，最终的结果仅仅是单纯的模仿。哪怕在最微不足道的琐事上，他们也不是根据他们自己的判断行事的。模仿和习惯，几乎是人类一切行为的根源。由此就导致人失去了全部的和各种各样的反思，失去了对他们自己的辨别力的正确信任。（《论人的本性》）

童年时我们模仿长辈，青年时我们崇拜明星，直到我们心智变得成熟，才会发现一个人永远不可能成为其他人。

榜样只是我们迷茫时的参考、失落时的启迪，人不能总是活在权威、领袖或者明星的阴影下。精彩的人生是学不来的，与其亦步亦趋，不如相信自己。

宗教的意义

大众感觉迟钝，智力低下，终日沉溺在蝇头微利的追逐之中，淹没在枯燥乏味的工作里，唯有宗教才能唤醒并使得他们感到生命的重要意义。一般人的兴趣主要在于满足他们的物质需求及欲望，此外，些微娱乐消遣便于愿足矣。宗教的创造者和哲学家们一样，他们于世界中都是要唤醒世人，使他们免于愚昧，告诉他们生存的崇高意义。

如若这（宗教）是一种通过内省得来的信仰那就好了。这样，人们的争论就会以理智来判断，而且，人们便可以使用相同的武器进行斗争了。然而，所有的宗教，并不是以争论的结果为根据形成自己的信仰，而是通过启示建立信仰。（《宗教对话及其他》）

也许是因为人无法独自面对人生的苦难，才有了宗教的建立和传播。一种信仰——无论是宗教还是其他——如果它能帮助我们渡过生活中的难关，在绝望时赋予我们生存的勇气，或许就有它存在的意义。